삼국지톡

유비(字 현덕)

서주의 제일가는 부자인 미축의 도움을 받아 서주 땅을 지킨다.
그러나 여포의 침략으로 쫓겨난 후 앞으로의 행보를 고민한다.

조조(字 맹덕)

어린 황제폐하를 구하고 온갖 벼슬을 손에 넣었다.
유비, 원소, 손책을 견제한다. 주색을 밝혀 스캔들에 휩싸인다.

여포(字 봉선)

전투력 최강자.
하지만 제멋대로인 성격 때문에 주변에 적이 많다.

원소(字 본초)

프린스 원소. 사람들 앞에서 늘 품위를 유지하지만 마음속에는
누구보다 큰 욕망을 품고 있다.

손책(字 백부)

젊은 나이에 전장에서 목숨을 잃은 故손견의 큰아들.
원술 휘하에서 세력을 키우며 신흥 장수로 이름을 알리기 시작한다.

원술(字 공로)

대명문가 원씨 집안 2세. 조조와 원소를 천한 출신이라며 굉장히 싫어한다.
권력을 향한 욕망이 매우 크나 그에 반해 전투력은 매우 낮다.

차례

•「관도대전」1부•

一.

*〈연의〉 유비, 떠돌던 여포 받아주다. 여포, 유비에게 친근히 굴다. "우리 둘 다 변방 출신이니, 서로 마음이 맞을 것이오!"

내가
유비놈 조지면?

싸우느라
힘 빠진 날 죽이고…
네가 서주 땅
처묵할라고~?!

됐고!
꺼억~ 차 잘 얻어
먹었수다~!

고마워 친구야~!
우린 가서 서주성
맛나게 냠냠할게~!

이익!

근데
홍차 너무 달더라~
그러다 일찍 뒈져 너~!

머, 멈춰라 여포! 서주성엔
아직 장비란 놈이 남아 있다!

아빠
레리꼬 보여줘
레리꼬

…성문 꽉 잠가놨을걸?!
너 화살비 처맞고 죽을걸?

아닐걸ㅋ?
서주는 열린 문~♬

💀 장비죽어……님이 여포님😈 초대하셨소!

유비ㄴ 💀장비죽어 😈유비꺼져😈

여포장군님ㅁ멀리안가셧쬬??
저희가살짝 성문열어둘테니깐
서ㅓ주성접수하십쇼ㅠㅠㅠㅠ제발

*〈정사〉 여포, 원술을 미끼 삼아 서주성에서 유비와 관우 끌어내다. 몰래 달려가 텅 빈 성 차지하고자 하다.
**〈정사〉 유비 동생 장비, 서주 장수 조표를 죽이다. 화난 조표의 부하들, 유비를 쫓아내기 위해 여포를 서주로 몰래 부르다.

한편, 서주 북쪽
기주

책사
곽도

기주 지배자 원소의 관저

이야~
돌아버리겠네!

여포 그놈이…
원술이랑
손을 잡아?!

…하이고~ 서주 또
불바다 되겠구먼!

여포나 원술이나 양아친데
걔네가 팀플이 되겠남~?!

백퍼
서로 등에 칼 꽂겠지~!
유비 그 양반만
쥐어터지겠네…

OOO

기주 원소-서주 유비
전격 회담 '훈훈무드'

…오잉? 근데 유비 양반,
우리 어르신 쪽
사람인데?

도와줘야 하는 거 아녀?
왜… 아무 말씀 없으신고?

*〈정사〉 원소, 유비를 "매우 품격 있다"며 극찬하다.

도련님들~!
혹시 아빠가
별말씀 안 해요?

서주로 유비 삼촌
구하러 가자든가…

…곽선생,
좀 닥치시오!

…지금 그딴 게 중요해?
이따 말합시다, 이따!

젠장! 정신 사나워서
손이 벌벌 떨리네…

마, 맞습니다…
곽선생님…

여, 여포가 어쩌구
원술… 유비가 어쩌구…
지, 지금 그런 사소한 것
따질 땝니까…?

원소의 아이들

Very well… 원담!
넌 이제
내 자식이 아니다.

오늘부터 나를
작은아버지라
부르도록.

그리고 당장…
이곳 기주 땅을
떠나라!

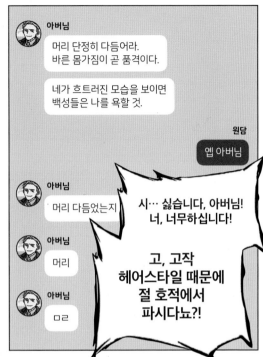

아버님
머리 단정히 다듬어라.
바른 몸가짐이 곧 품격이다.

네가 흐트러진 모습을 보이면
백성들은 나를 욕할 것.

원담
옙 아버님

아버님
머리 다듬었는지

아버님
머리

아버님
ㅁㄹ

시… 싫습니다, 아버님!
너, 너무하십니다!

고, 고작
헤어스타일 때문에
절 호적에서
파시다뇨?!

조용!
감히 내 말에
토를 달다니?

…나는 원술이
날 모욕하는 것이
지겹다!

그러니 원담!
네가 자식 없이 죽은…
원술의 형
원기의 양자가 되어라.

*〈정사〉 원소, 큰아들 원담에게 자신을 숙부라 부르라 하다.

대명문가 원씨 집안의
정통성을 차지하라
이 말이다!

또한…
굼벵이도
구르는 재주가
있다고

넌 군사엔
제법 센스가 있지.

…예에?!

너도 알 테지?
내 주적은
여포, 원술 따위가 아닌…
북쪽의 귀신
공손찬임을!

*⟨정사⟩ 원술, 배다른 형제인 원소를 '노비 어머니를 둔 종놈'이라 조롱하다.

…한데 그자의 오른팔, 맹장 전해가 청주 땅을 점령했다!

청주는 이곳 기주의 남쪽, 나는 꼼짝없이 위아래로 포위당한 셈!

…그러나 네가 전해와 싸워 물리친다면, 공손찬도 흔들릴 테지?

그럼 내가 기주, 청주, 유주를 거머쥔다. 천하 절반이 나의 것이야!

…원담! 이 아비에게

그 영광을 바칠 수 있겠는지^^?

그런데… 왜 숨이 턱턱 막히는지?

누군가가 조용히…
내 목을
조르는 것만 같군!

조조
야크 자냐?

…아만?!

놀랍군! 네가 먼저
내게 연락을 하다니?!

조조
야ㅋ자냐?

조조...

프린스 원소
간만이군
잘 지냈는지^^?

조조...
나야 잘 지내지ㅋ
유비 그 양반은 잘 지내냐?

ㅋ?

프린스 원소
유비? 서주 다스리는 유비말인가?

뜬금없군...
왜 그자 근황을 내게 묻지?

조조...
왜 몰라? 너 그놈이랑 절친이잖냐?
평생지기 친구인 날 버릴 만큼ㅠ

속보 '기주-서주2화기애애
프린스 원소 <조조 버리나...

연주TV

원소-유비 입모아 "조조는 나쁜놈"

*〈정사〉조조, 서주 대학살로 민심 잃다. 원소, 조조를 버리고 백성들이 사랑하는 유비를 밀어주다.

이런… 맙소사!
괜히 긴장했군!

이 깜찍한 친구야.
무슨 일인가
했더니만…

어린애처럼
왜 날 배신했냐고
투정이나
부리는 건가?

원가놈1

이런, 친구^^
해묵은 감정은 잊도록.

유비와 손잡은건…

겁먹은 내 백성들을 달래기 위한
해프닝이었을 뿐이야^^

너도 이젠 알텐데?
정치란 화려한 연극이고…

정치가가 하는 말들이란…
극본에 쓰인 대사일뿐임을!

흥!

네가 감히

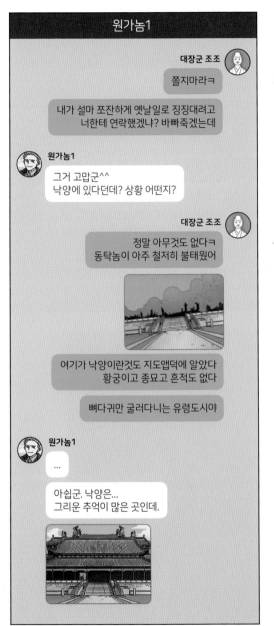

네가 감히

헹!

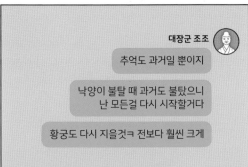

대장군 조조

추억도 과거일 뿐이지

낙양이 불탈 때 과거도 불탔으니
난 모든걸 다시 시작할거다

황궁도 다시 지을것ㅋ 전보다 훨씬 크게

……

조조...

프린스 원소

그것 참 귀여운 플랜이군^^

그러나 아만... 세상엔 변치않는
진리도 있음을 알텐데?

"너무 큰걸 탐내다간
크게 다치는 법"

10년 전...너무 큰옷 입었다가
몇 번이나 자빠져 무릎을 깨고도

조조...

??

프린스 원소

내 벗께서는 아직
철이 덜 든 모양이시던데...^^?

황제폐하, "조조, 이 나라를 부탁해"

*〈정사〉 황제, 조조에게 온갖 귀한 벼슬 내리다.
**〈연의〉 조조, 어린 황제보다 먼저 모든 나랏일 보고받다.
***〈정사〉 조조, 서주 대학살 일으켜 백성들을 참살하다. 민심 크게 잃다.

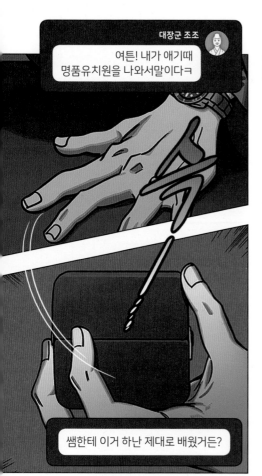

대장군 조조

여튼! 내가 애기때
명품유치원을 나와서말이다ㅋ

쌤한테 이거 하난 제대로 배웠거든?

"까까는 친구랑 나눠먹자!"

야~
친구 좋은 게
뭐냐ㅋ?

대장군 조조

내가 황실 구한건 사실인데~

벼슬을 나만 받아서야 쓰겠냐?

너 진짜 고마운줄 알아라
황제폐하께 졸라서 특별히 얻어낸거다

캬~
원소는 좋겠네~!

나 같은
훌륭한 친구 덕에
삼공* 벼슬도
공짜로 얻고~!

*〈정사〉 조조, 원소에게 태위(높은 재상) 벼슬 내리다.
**삼공三公 : 나라에서 가장 높은 세 명의 재상.

옛 수도 낙양

잿더미 황궁
(조조와 황제 머무는 중)

빌어먹을…

내, 내가
깜빡했다!

원소 이 자식…
빡치면 눈깔 돌아가는데!

아만! 감히 네가…
날 무시해?!

설마 잊은 건지?
넌 아무것도 아니었어.

내시 손자 놈,
"환관 핏줄 조조"!

모두가 뒤돌아
네 집안을 천하다
손가락질했지!

그러나 난 널 보듬었어.
널 보호하고 이끌었어!

…벼슬도, 군사도 잃고
나락에 떨어진 너를

내가! 이 원소가!
몇 번이고 살려줬건만…

감히 네놈이…
은혜를 원수로 갚아?

*⟨정사⟩ 조조의 할아버지 '조등'은 큰 부와 권력을 누렸던 환관이다.
**⟨정사⟩ 조조, 어린 황제에게 대장군 벼슬 받다. 조조, 원소에게 태위(대장군보다 아랫급) 자리를 주니 원소, 분노하다.
***⟨정사⟩ 원소, 격노하다. "조조 네가 죽을 뻔할 때 매번 내가 구해주었건만, 이제 황제를 곁에 끼고 나에게 명령을 내리려 드느냐?"

*〈정사〉 원소, 북방 최강자로 떠오르다. 유주 공손찬을 누르고, 청주에 큰아들 원담을, 병주에 조카 고간을 보내 북방 전역 틀어쥐고자 하다.

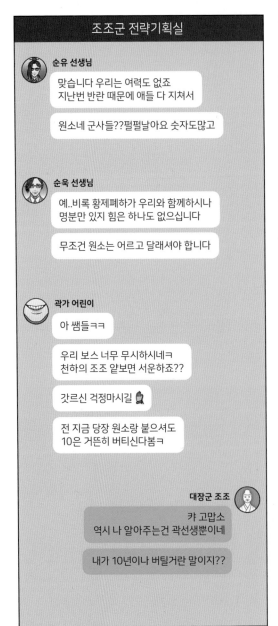

*조조, 곽가 아끼다. "역시 내 맘을 알아주는 이는 그대뿐이다!"

조조...

니말이 맞다 난 자격없다
널 제치고 어떻게 나 따위가 1인자를 하겠냐

니가 대장군해라 퀵으로 보냈다 됏쓰지??

프린스 원소

아만.

 조조...

우리|화해한거다 딴말하기업ㅅ기다 퉤퉤퉤

*〈정사〉 조조, 두려워하며 대장군 벼슬 원소에게 양보하다.

십상시와 한복, 장막,
여포, 공손찬 등

이 원소 머리 위에
올라서려던 자들이…
모두 어떻게 되었던가?

이제 우리 사이는…
돌이킬 수 없어.

나는, 단 한순간이라도
내게 그림자를 드리운 자는

…절대!
그 얼굴을 잊지 않으니!

꺼져, 짜샤!
미안하다 했잖냐!

…난 도망갈 테다.
쫓아오지 마! 인마!

*〈정사〉 원소, 라이벌들 거침없이 숙청하다. 특히 원소를 무시하고 이용하려던 한복, 모든 힘을 빼앗기고 스스로 죽다.

조조군 전략기획실

대장군 조조

명령이오 다들 짐싸시오
황제폐하한테도 짐싸라고해

내일 당장 떠납ㅂ시다 여기 뜰ㄹ것

여건 선생님

???? 예??수도를 옮기신다고???

아니뭐,,예,,나쁘지않죠??
여기 사실상 폐허나 다름없으니

순욱 선생님

저도 찬성입니다..낙양은 사실상
원소구역입니다 기주와도 가깝고요...

원소 책사중 몇몇은 저희 손에서
황제폐하 빼앗자고 난리라 합니다

대장군 조조

ㅁ뭐가ㅏ 어째???

거봐 여긴 안된다니까??

선생님들ㅎㅎ걱정마시길...
내가 마침 교통좋고 물좋은데

...딱 한곳 알거든??

대장군 조조

흥! 역시…
이불 밖은 위험해!

…갑시다!
내 고향집으로!

낙양

허현

*〈정사〉 조조, 다른 곳을 수도로 삼아 낙양을 떠나고자 하다.
**〈정사〉 원소 책사 곽도, 순우경, 저수, "모두가 힘을 겨루는 난세엔 사슴을 먼저 잡는 자가 왕"이라며 어린 황제를 데려와 권위 차지하라 간언하다.
***〈정사〉 조조, 자기 고향 근처 허현을 새 수도로 삼다. '허도(훗날 허창)'라 칭하다.

한편, 허도 동쪽

서주

유비 근거지, 서주성 앞

…이, 이럴 수가…?

야 이 멍충아~!

니 바보냐?
어엉~?!

세상이 얼마나 험한데
문도 안 잠그고 다녀,
인마~?!

누가
빈집 털면 어쩔라고?
나처럼! 크하핫~!

말도 안 돼! 여포…
저자가 왜 여기 있지?!
짐 싸서 소패로 떠났는데?

거기다… 성안에 막내를 남겨뒀다!
취했다 한들 녀석이 성을 빼앗길 리가?

*⟨정사⟩ 유비와 관우가 원술과 싸우러 나
간 사이, 여포가 유비 근거지인 서주성을
차지하다.

막… 막내야?!
다행이다! 살아 있었구나!

…이, 이게
어찌된 일이냐?
왜 이런 심한 상처를?!

성은 어쩌다
여포에게 뺏긴 것이며…

소, 송구합니다…
성안에서

반란이
있었습니다!

아랫것들 몇 명이…
몰래 성문을 열었습니다!

장비 어르신께선
파도처럼 밀려오는
여포군과

죽어라 싸우셨으나
적들 숫자가
너무 많아서…

*〈정사〉 서주 장수 조표, 장비와 갈등 일으키다. 조표 부하들, 장비와 유비에게 앙심 품고 여포와 몰래 손잡다.

…에, 에이~
난 또 뭐라고?

군 기강 잡는 게
네 일이잖냐?
넌 할일 했을 뿐이지!

…조표 부하들까지
못 품은 건 내 죄다 ㅠㅠ
애썼다! 애썼어!

근데 막내야!
…네 형수는?

왜 안 보이시냐?
폰 꺼두셨다니?

♥감실장님♥
전화 거는 중...

연락이
통 안 되는데…

…어! 그래~ 알았다!
먼저 피난 가셨구나?

우리 백성들 데리고
안전한 데로~

끄하..

*〈연의〉 유비, 태연히 한숨 쉬다. "서주를 얻었을 때도 기쁘지 않았는데, 잃어서 슬퍼할 게 뭐 있겠느냐?"

그치?

…?!

(형)님…
우리 형수님

돌아가셨어…!

구, 구했어야
했는데… 내가…

(형수)님!
기다려!

내가… 금방
구해드릴게!!!

*〈정사〉 유비 아내 감씨, 서주성에서 미처 도망치지 못하다.

우리 사람들…
한 명이라도 더 살려!

…끄흑!

허, 헉?!

…님?!

*〈연의〉 장비, 지키던 서주성을 여포에게 빼앗기자 칼로 목 찔러 스스로 죽으려 하다.
**〈연의〉 유비, 칼 빼앗아 던지다.

서주, 미축의 저택

이런! 못써!
먹는 게
아니잖니?

얌전히 굴렴.
다행히 우리
유비 어르신께서

…흠, 꽁지 빠지게
도망치셨다는구나!
군사들 싹 데리고.

유비 최대 스폰서
서주 제일가는 부자
자중그룹 회장
미축 字 자중

사랑하는 동생들...

막내 영란이♥
어떡해 소혜씨 가엾어ㅠㅠ

둘째 방이♥
와 유비~걘 자존심두 없답니까??
목숨걸고 여포랑 싸울줄 알았더니

미축
못 이길 싸움 안 하시는 분이잖니ㅎㅎ

명예롭게 개죽음 당하느니
개똥밭에 살기를 택하시는 분이다

남들 목숨도 걸렸다면 더더욱ㅎㅎ

둘째 방이♥
그나저나 큰 손해네요ㅠㅠ기껏 서주땅
안겨주셨건만 저렇게 홀랑 잃다뇨??

걍,,, 유비코인 떡락했다 생각하시고
싹 잊어버리시죠,,,,ㅠㅠㅠㅠ 토닥

흠…?

…뭔 소린지?
우리 미씨 집안 재산
빤쓰 한 장까지 탈탈 털어
유비한테 올인할
참이다만?

컥?!

*〈정사〉 미축, 유비 도와주다. 오갈 데 없는 유비군이 굶주리자, 부릴 사람 이천 명과 군자금을 대주다.

감부인과 미부인

자아~ 찍습니당~?!
스마아아일~!

자중 로열 웨딩홀
사진사 임씨

어엉~?
아잉~!

표정 무슨 일이야~?!
으으응~~?!

이 좋은 날~!
왜 똥 씹은 얼굴들이야~?
으응~? 신랑 동생들~!

오홍홍!
하기사~

신랑님~
짐 자기 얼굴이
젤 심각해~~?????

원술과
싸우러 나간 사이,
여포에게 서주성을
빼앗긴 유비.

전투중에 그만…

…어려움을
함께해온 아내,
감부인을
잃고 말았으니.

저… 있지!
꼭 이래야 돼?

유비씨,
아직 소혜씨 장례도
치르기 전인데…

흠 그렇다~

흠… 동생아~
어리석은 소릴
하는구나!

미축 동생
미영란

*〈정사〉 서주 제일가는 부자 미축, 일찍이 쥐뿔도 없는 유비를 팍팍 밀어주어 서주를 다스릴 수 있도록 했다.

*〈정사〉 미축, 홀아비 된 유비를 동생과 결혼시키다. 대신 어마어마한 재산을 털어 유비에게 군사와 식량을 대주다.

*〈정사〉 여포, 포로로 잡았던
유비 아내 감부인을 풀어주다.
**〈연의〉 여포 측, 포로로 잡은
감씨를 부족한 것 없이 챙기다.
***〈연의〉 유비, 여포를 '형장
兄長'이라 부르며 애써 친한 척
굴다.

감부인과 미부인

음핫핫! 천박한 유비놈아~!
당장 튀어나오지 못할까~!

원술 부하
장수 기령

미축 동생
미방

…이 몸은 기령!
위대한 ★원술★ 어르신 명 받고!
네 목을 가져가러 왔노라~!

오호~? 이게 뉘신가?
울 ★원술★ 어르신 절친~!
여포 장군 아니신가~~?!

음핫핫~! 유비야~!
오늘이 네 제삿날이구나!

음핫! 여장군! 어서…
고 귀 큰 놈 목을 뚝 따시오~!

울 ★원술★ 어르신께서
크나큰 상을 내릴 테니…

이런! 빌어먹을?!

…어엇? 안 되는데?
원술! 니가 왜 튀어나와?

*〈정사〉 원술, 유비 죽이고자 장수 기령을 보내다.

*〈정사〉 여포, 유비에게서 서주 땅 빼앗기 위해 원술과 손잡았었다.
**〈정사〉 여포, 원술을 의심하다. "원술이 만약 유비를 죽이면, 나는 서주 북쪽에 있는 태산 같은 강자들(원소 측 사람들)과 맞닿게 되오.
(원술은 서주 남쪽에 주둔하니) 그러면 나는 위아래로 포위당하는 셈 아니오?"

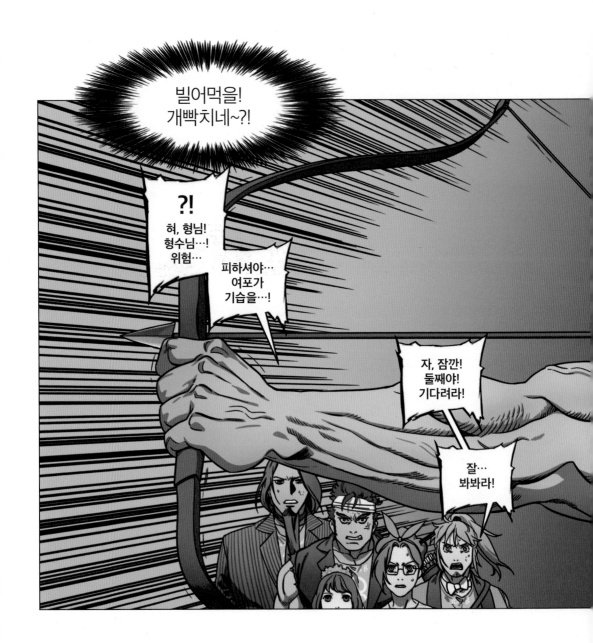

*〈정사〉원술, 유비를 죽이고자 군사들 보내다. 여포, 가로막다.

…만약 내가 성공하면, 원술에게 돌아가라!

망할! 껄리적대네…

그리고 똑똑히 전하라! 유비 목은 포기하라고!

땡큐 마눌~ㅋㅋ

마, 말도 안 돼! 허, 헛소리 마시오!

당신이 뭔데 참견이오? 유비 이놈은 내 먹이요!

께르륵

*〈연의〉 여포, 방천화극을 150걸음 떨어진 거리에 세우다(약 180m). 올림픽 종목 양궁의 과녁거리가 70m.

…다, 당연히!
찢어 죽여야지?!

…흥! 아니지?
어디 맘대로 해보쇼!

실패하면 여포,
그대만 쪽팔리지 뭐!

음하핫!
신이 아니고서야!
해낼 수 없음이야…

꾸억?!

*〈정사〉 여포, 방천화극의 곁가지를 쏘아 맞히다.

크하학! 봤냐? 짜식들아!
이게 하늘의 뜻이다!

커억?!

내가 비밀
하나 말해주지…

＊〈정사〉 장수들, 기절할 듯 놀라다. "여포에게 하늘과 같은 위엄이 있구나!"

사실 난!
싸움 딱 질색이다!

…대체 왜들 싸우냐?
좋잖냐! 평화! 어?!

피, 아이 …에스?
하여튼 피스! 어엉?

쿡…!

…난 내 구역에서
큰 소리 나는 거
못 참는다!

유비! 원술!
한 번만 더
싸웠단봐라…

*〈정사〉여포, "내가 원래 싸움을 싫어하고 말리는 걸 좋아하오."
**〈정사〉여포, 유비가 죽으면 강자 원술이 자길 공격하고 서주를 차지할 것이므로 유비를 살려두고자 하다.

심장이
터질 듯 뛴다…
살았다는
기쁨 때문에?

아니!

제발 여포가 성공하길…
원술군이 날 죽이지 못하길

간절히 기도한
나 자신이 창피해서!

한심하다… 한심해!
10년을 전쟁터에서 굴렀는데도,

하늘에 목숨을
구걸할 만큼

…나는 약해빠졌구나!

*〈연의〉 유비, 제발 여포가 화살로 방천화극을 맞히길 맘속으로 빌다.

*〈정사〉 유비, 여포 밑으로 들어가다. 서주 땅 양보하고 변방으로 떠나다. 기령 또한 유비를 죽이지 못하고 원술에게 돌아가다.

오케이~ 해피엔드! 캬 통쾌하다~ㅋㅋ

유비놈 찍소리도 못 하는 거 봤지? 어엉?!

마늘~! 오늘은 회막이다~!

…장군!

늦지 않았습니다. 지금이라도 명 내리시지요!

충성스런 장수 함진영 지휘관
대대장 고순

제가 관우와 장비를 죽이고

…유비놈의 목을 가져오겠습니다!

유비를 믿으셔선 안 됩니다. 뱀 같은 자입니다!

여포는 평화를 사랑해

…자신을 키워준
공손찬을 저버리고,

제 주군이던
도겸의 땅을
훔치지 않았습니까?

지금은 힘이 없어
잠시 무릎 꿇었을 뿐…

유비놈은 반드시!
장차 장군을 배신하여

…크나큰 재앙을
가져올 겁니다!

그때 후회하시면
늦습니다!

…장군! 어서!

제 말
안 들리십니까…

크윽?!!!

와 이거 미스터리한 X끼네~!
왜 따박따박 말대꾸지~?!

니 내가 만만하냐?
막 친근하냐ㅋㅋ?!

나 여포야 인마~!!!

엉? 딴놈들은 슬슬
눈깔부터 피하는구먼

왜 기어올라 왜?!
뒈질라고 환장했냐?

지금 죽여줘???

예! 원하시거든
죽이소서.

*〈정사〉 장수 고순. 청렴하여 사치를 모르다. 여포에게 늘 쓴소리를 올리다.

그러나 설사
목숨을 잃더라도…

틀린 길 가시는 주군께
바른말 드림이
제 도리입니다!

아아악~!
이 미친놈이 진짜!!!

죽어 X끼야!!!
걍 지금 죽어!!!!!

뭐, 틀린 길?
니가 틀렸어 X끼야 니가!!!!!

*〈정사〉 여포, 고순을 꺼려하며 말 듣지 않다.

흥! 이 여포! 수많은 죽음을 비웃으며 씹어먹었다.

내가 답이고, 룰이다!

…입 닥치고!

내가 까라는 대로 까라, 이 말이야!

여둘아~ㅋ 오늘 내가 치맥 쏜다ㅣ)

기분 잡쳤다! 야! 그 꼴통 치워! 고순 저놈 빼고 우리끼리 술 먹자!

갑이 가뿐~ㅣ

헤헷! 대장! 제가 요거 챙겼슴돠~! 저 이쁘죠~?!

89

뒤통수 맞은 여포

*〈정사〉 원술, 여포에게 쌀과 군사 대주며 유비를 공격하라 이르다. 그러나 원술 의심한 여포, 유비를 살려주는 대신 서주 땅을 빼앗다.

필히 복수하리라…
여포, 죽여버릴 것이야!

…하지만 어떻게?

괴물처럼 강하니…
어떤 장수를 보내도
놈을 해치우진 못할 터…

알수없음
학맹장군 맞으신가?
나 대명문가 원술이네만ㅎㅎ

?! 옳거니!

제아무리 강한 성벽도…
안에서 공격하면 무너질 테지?

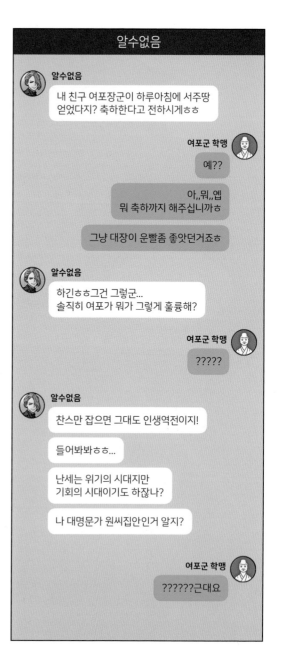

알수없음

알수없음
내 친구 여포장군이 하루아침에 서주땅
얻었다지? 축하한다고 전하시게ㅎㅎ

여포군 학맹
예??

아,,뭐,,옙
뭐 축하까지 해주십니까ㅎ

그냥 대장이 운빨좀 좋앗던거죠ㅎ

알수없음
하긴ㅎㅎ그건 그렇군…
솔직히 여포가 뭐가 그렇게 훌륭해?

여포군 학맹
?????

알수없음
찬스만 잡으면 그대도 인생역전이지!

들어봐봐ㅎㅎ…

난세는 위기의 시대지만
기회의 시대이기도 하잖나?

나 대명문가 원씨집안인거 알지?

여포군 학맹
??????근대요

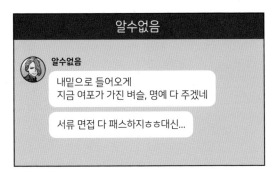

알수없음

알수없음
내밑으로 들어오게
지금 여포가 가진 벼슬, 명예 다 주겠네

서류 면접 다 패스하지ㅎㅎ대신...

알수없음

알수없음
올때 여포 모가지 하나만 가져오도록ㅎㅎ
놈이 잘때 살짝 목을 긋게나

잘 생각해ㅎㅎ...자네 허접한 인생에
이런기회 또 없을거야

콜?

그날 밤, 여포 숙소

오잉? 요것 봐라?
살금살금
어딜 가는고~?

허억?!

얼굴엔
뭘손 거~?

*⟨정사⟩ 원술, 여포 부하 학맹을 꼬셔 이간질하다.
**⟨정사⟩ 여포 부하 학맹, 여포에게 반란 일으키다(학맹의 난). 나관중이 지은 『삼국지연의』에는 등장하지 않는 사건.

*〈정사〉 여포 책사 진궁, 학맹의 반란에 가담하다.

뻔하군! 원술 네놈 짓이렷다?
흥… 오냐!
네 장단에 놀아나주마!

조조는 힘을 얻고 괴물이 됐다.

명예도, 도리도 모르는 여포는
더욱 끔찍한 재앙이 될 터!

뭣들 꾸물대? 갑시다!
자는 틈에 해치우자고!

꺼진 유비도 다시 보자

서주 외곽
여포군 훈련장

……

…왜 그러나?
서슴지 말고 말하라.

…예?

밤이 고요하여…
귀관이 마음속으로

…칼을 가는 소리가
고스란히 들리는군.

…무엇에 그토록
화난 거지?

…송구합니다.
감히 여쭙습니다.

어르신께서는 왜…
여포 같은 자를 따르십니까?

그자는 잔인합니다.
용맹하나 비열합니다.

명예를 알지 못하여,
부하의 충성심을
조롱합니다!

이 초라한 막사도 모욕이지요!
지금까지 대장이
세우신 공을 생각하면…

한데 어찌하여!
그자를 위해
목숨걸고 싸우십니까?

그만.

*〈정사〉 충성스러운 고순, 여포에게 간언하다. 여포, 고순 꺼리다.
**〈정사〉 여포 부하 고순, 사치를 삼가고 검소하게 살다. 뇌물도 꺼리다.

*함진영陷陣營 : 대대장 고순이 지휘했던 부대의 명칭. 이 부대가 공격하면 적진이 함락됐다고 한다.

헉?!

야! 꼴통!
사… 살려줘!

바, 바… 바!

반란이다!

어, 어쩌냐? 개같은 놈들이!
치사하게 나 자는데 덮쳤어!

*〈정사〉 여포, 허겁지겁 고순에게 달려와 도움 청하다.
**〈정사〉 여포, 자다가 반란군에게 공격당하다.

...젠장, 언놈이야?!
얼굴은 못 봤다! 망할...

어둡고 죄다
복면을 써놔서...

크하핫! 여포놈아~
나와라!

ㅋㅋㅋㅋ야! 적토마
내꺼 찜ㅋ

푸하학! 미친놈들!

가위바위보해~!
편 가른다, 데덴~찌!

데덴찌...?
하내지역 어린아이들이
놀며 외치는 말이군요.

저희 중 학맹이
하내 출신이니...
놈이 주모자입니다!

*〈정사〉 여포, 아내와 함께 변소의 비밀 벽을 밀어 탈출하다.
**〈정사〉 여포, 반란군들이 하내지역 사투리 썼다 털어놓는다. 고순, 침착하게 답하다. "학맹이로군요."「여포전」

꺼진 유비도 다시 보자

어르신! 기회입니다… 여포는 이제 끝났습니다!

한심하게… 부하에게 배신당하다니요?!

제 몸 지킬 군사 하나 곁에 없다니요!

맞습니다! 지금 놈을 쳐 바른 새 주인을 찾으시지요!

!!!

어찌 애원하십니까? 일어서십시오! 두 분!

제 검은 원래 장군 것입니다!

*〈정사〉충성스러운 고순, 여포에게 푸대접 받았으나 기꺼이 반란을 진압하러 나서다.

혼자 다
처치할 수 있는데…
특별히 기회 함 준다!

잘해 인마~!

장군, 명하신 대로
살려서 끌고 왔습니다.

*〈정사〉 고순, 함진영 이끌고 순식간에 반란을 진압하다. 학맹, 죽임당하다.

*〈정사〉여포 부하 조성, 책사 진궁도 반란에 가담했다고 고발하다. 진궁, 얼굴 붉히는 바람에 들키다.

장료ㅋ

ㄴㄴㄴㄴㄴㄴㄴㄴㄴ데장

절대ㅐ진쌤죽이시면안됨다 우리군에
연주에서 저양반 따라온애들 많아요

죽엿다가 또 반란일어날것ㅠㅠㅠ

연병장 한가운데서
마디마디
조각내고 싶지마는!!!

특별히!
이번만은 살려주마.

?!

네놈 덕에 내가
교훈 하나 얻었거든!

"세상에 진짜
믿을 놈 하나 없다."

"멀리 꺼진 적도
방심 말고 다시 보자!"

*〈정사〉 여포, 유비 쫓아내고 서주 땅 빼앗다. 유비, 고분고분 군사들 데리고 떠나 서주의 북쪽 땅, 소패에 머물다.

꺼진 유비도 다시 보자

그러지 말걸 그랬다…

서주, 소패 근처 평야

하라는 대로 다 하고,

…짜증나도 억지로 웃고,

…자존심 버리며 굽신대지 말걸 그랬어!

내가 잘해주면 고마워할 줄 알았건만

오히려… 날 우습게 보고 약속을 헌신짝처럼 저버리다니?

내가! 바보 멍청이였구나…

ㄴㄴ! 이게 왜 (형)님 탓임?!

와~ 여포! 그 개자식…

어떻게 찢어 죽이지?!

*〈정사〉여포, 유비에게서 서주 땅 빼앗다. 유비, 머물고 있던 작은 땅 소패마저 빼앗겨 빈털터리 되다.

*〈정사〉손건, 유비가 서주를 다스릴 적에 보좌관(종사)으로 합류하다. 외교 및 사절 업무를 담당하다.

들자 하니, 여포가 겁을 Eat했답니다!
부하들 손에 Die할 뻔했다더군요.

하마터면 죽을 뻔했으니…
인중여포도 잔뜩 Zzol았겠죠!

그 와중에 Urshin께서
너무 잘나가시니…

더 크시기 전에 미리
Jaksal낸 거라 봅니다!

흠… 어르신.
정신 차리시지요.

여포군이… 곧 다시
돌아올 겁니다!

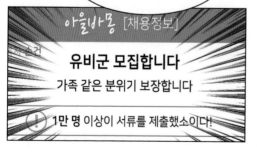

아울바몽 [채용정보]

유비군 모집합니다
가족 같은 분위기 보장합니다

⚠ 1만 명 이상이 서류를 제출했소이다!

*〈정사〉 유비, 소패에서 군사 만 명 모으다. 여포, 불안하다.

살았으니 되었습니다.
일단 피하지요!

이 미축! 저와 가문의 운명을

어르신께
건다 하지 않았습니까?

흠… 어디로 갈까요?
청주? 형주? 병주?

아무데나 맘 가는 대로
찍으시지요!

흠… 비록 이제
빈털터리라

어르신께 도움이 될진
모르겠습니다만…

그만큼
몸은 가벼우니

천국이든 지옥이든…
기꺼이 따르지요!

어쩌지? 어떡한다?!

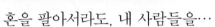

혼을 팔아서라도, 내 사람들을…

배불리 먹이고 싶다.
떵떵거리며 살게 해주고 싶어!

어디로 갈까?! 누굴 의지해야,
여포 손아귀에서 벗어날 수 있나?

손과장님!
찍어주시지요!

?

천하에서
제일…

여포를 극혐할 사람
누굽니까?!

*〈연의〉손건, 여포를 가장 증오하는 자에게 기대자고 조언하다.

왜 이 생각을 못 했지?

예주, 하도 신도시
황궁 정문

내 적의 적은!
친구 아니던가?

받들어~ 칼!

위대한 황실의
수호자시며,

어리신 황제폐하
보호자시며,

종묘사직을 굽어살피시는
이 시대의 참된 충신!

설사, 나 또한
당신의 적이라 해도!

황제 대리인
유비의 적
조조 字 맹덕

*〈정사〉 유비, 허도의 조조를 찾아가다.

*〈정사〉조조, 복수심에 불타 서주 백성들 학살하다. 유비, 한줌짜리 병사로 조조의 학살에 맞서다.

능구렁이 같은 놈

…네가 온단
소식 듣고
내가 기뻐 날뛴 걸
아느냐?

정욱 선생님
???????먼 꿍꿍이지요 저넘이

순욱 선생님
수상합니다. 죽이시지요
유비란 사람 보통 인물은 아닙니다.

본격적으로 나라 재건하셔야 하는데
수상쩍은 이 들여봐야 혼란만 부릅니다

태위 조조
?? 죽이긴 왜 죽이나?
복이 제발로 굴러들어왔는데ㅋㅋㅋㅋ

유비가 서주 구한 "영웅"이라더군
난 서주 불태운 괴물이고ㅋㅋㅋㅋ

근데 이 괴물 조조가ㅋㅋㅋ
집도 절도 없는 영웅을 끌어안는거야
내 이미지 얼마나 좋아지겠나그래???

곽가어린이
이야ㅋㅋㅋㅋㅋㅋㅋㅋㅋㅋㅋㅋㅋㅋㅋㅋ
벌써 기사제목 뚝딱이다
"유비,조조와 화해...알고보니 좋은 분"

역시 킹르신 갓인성
제가 이래서 존경합니다ㅠㅠ

곽가어린이
사람을 갖고놀라 하시네ㅋㅋㅋㅋ큐

아~! 이게
무슨 일이죠~??!!!

전 서주목 유비가!
조조 어르신을 홱!!!
뿌리쳤습니다!

*〈연의〉 조조 책사 순욱, 유비 죽이라고 간언하다. "유비는 영웅입니다. 지금 손보지 않으면 훗날 후회하실 겁니다."
**〈연의〉 조조 책사 곽가, 유비 살리자고 간언하다. "유비는 덕 있는 장수인데, 그를 지금 죽이면 세상이 욕할 겁니다."

적한테 기대려니 자존심 상한 걸까요?!

…쯧!

유장군! 쓸데없는 반항 마시오!

…당신 딸린 식구들까지 몽땅 죽이고 싶나?!

어르신께… 털어놓을 게 있습니다!

*〈정사〉 유비의 까마득한 조상(중산정왕)은 한나라 황제의 아이.

능구렁이 같은 놈

그러나 힘이 없어, 동탁이 황실을 농락해도 피눈물만 흘렸지요…

…흑흑! 제가 어리석어!

한데 조조 어르신께서! 어리신 폐하를 구하고 이렇게 수도를 다시 세우시니!

이 유비… 어찌 감동하지 않으리까?

어르신 큰 뜻 모르고 감히 칼을 겨누었으니

부끄러워 죽고만 싶습니다!

어서! 못난 절 베십시오!

와… 이 X끼. 진짜 콱 죽여버려?!

*〈정사〉조조, 동탁 부하 이각과 곽사 손에서 황제 유협을 구해내다.

뭐? 니가 유씬데 어쩌라고?
이 양심 없는 놈아!

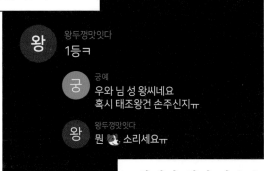

황제랑 성씨 같은 놈 버글버글한데!
그것들이 다 로열패밀리냐??!!!

다른 때였음 비웃을 헛소린데

하필 이 타이밍에!
하필 나 조조에게!

[속보] 유비, 충격고백 "사실 나 황족수저"(1보)
황실 수호자 <u>조조</u>, 너무나 감격해서 말문 막힌 듯

…이 많은 눈앞에서
보란듯이
나불대다니!

*〈정사〉 유비는 황제와 같은 성이지만, 너무나 까마득한 후손이라 황족이라 하기 뭐했다.

가, 가족분들! 저 말씀… 사실입니까?

아니 뭐어~

거짓말은 아니쥐~?!
ㅋㅋㅋ

그, 그랬구려! 일어나시오… 유공!

내가… 귀한 분을 몰라뵈었구려!

오!

오!

오!

!!!

…가증스러운 놈!

*〈정사〉 조조, 유비 후하게 맞아들이다. 귀한 손님으로 대접하다.

실시간 급상승	뉴스토픽
1~10위	11~20위

1 **유비** *new!*

2 **유비 황손**

3 **프린스 유비** *new!*

4 **황손님 멋있어라 유비아바브와**

능구렁이 같은 X끼!

유비! 내가 널

얕봤다…!

?! 어, 어르신! 진정…
이 유비를 용서하십니까?

감사합니다…
참으로 감사합니다!

…별말씀을.

여봐라!
환영 파티 준비하라.
술 고기 차려라,
상다리 부러지게!

손님들을 VVVIP용
영빈관으로 모셔라!

아우님!

부디 날… 형이라고 생각하시구려!

…파티에서 봅시다!

어르신! 좋게 좋게 생각하시지요?

*〈연의〉 조조, 크게 잔치 열어 유비를 위로하다. "내 아우님(유비)과 함께 의리 없는 여포를 처부수리다!"

소패왕 손책

어르신!
손책을 아십니까?

아이고, 허허!
놀라운지고!

어찌 어르신께서
그 이름을 아십니까?

사람들이
원술은 알아도,

손견 아들놈 손책은
잘 모르더이다!

짜식~ 어린놈이
출세했구먼?

올~

올해 겨우
스물셋인데

천하의 조조 어르신께서
이름을 다 외우시고…

흥! 그놈이 예뻐서…
기억한 게 아닙니다!

하도 기가 막혀!
콱 머리에 박힌 것이지!!!

정선생님! 외람되오나!
23년 전에 연세가?

예에? 하이고~!
새삼시러버라~!

…보자보자~ 파릇파릇한
삼십대였지요~? 껄껄!

이 나라는
망했어…

우리 정치
말단가라~!
꾸욱…

23년 전, 정욱

난 스무 살이었지!
그때 처음
사람을 죽였어.

23년 전, 조조

건방 떠는 십상시 숙부를!
몽둥이로 패 죽였단 말요!

*〈정사〉 조조 책사 정욱, 따를 인물이 없다며 쉰 넘도록 세상에 나서지 않다.
**〈정사〉 황제가 총애한 환관들(십상시), 권력 틀어쥐다. 갓 벼슬받은 조조, 그런 십상시 건석의 숙부가 죄를 짓자 때려 죽이다.

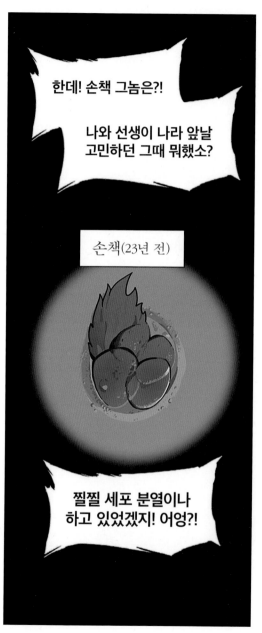

한데! 손책 그놈은?!

나와 선생이 나라 앞날
고민하던 그때 뭐했소?

손책(23년 전)

찔찔 세포 분열이나
하고 있었겠지! 어엉?!

뉴스 > 특집편성

[단독] 천하패권 누구에게?

▲ 백마장군 공손찬 / 프린스 원소 / 대명문가 원술

그런데… 감히…!!

뉴스 > 특집편성

[단독] 천하패권 누구에게?

▲ 황제보호자 조조 / 떠오르는 신인, 원술군 장수 손책

하룻강아지 주제에!
나와 같은 기사에 실려?!

*〈정사〉손책, 원술 명령으로 장강 건너 강동 땅을 점령하며 이름 알리다.

어르신!
얕보시면 안 됩니다.

손책도 손책이나,
원술이 강동을 집어삼키고
있는지라…

…흥! 그딴 쪼다!
덤빌 테면 덤비라 하시오!

어릴 적부터 평생을 보았는데
내가 놈을 모를까?!

그놈은 아무것도 아니오!
속 빈 허영덩어리일 뿐이야!

하물며… 원술놈이 키우는
손책이란 하룻강아지는!

…조금도 관심 없소.
1도 안 궁금해!

*서로 적이 된 조조, 원술, 원소는 오랜 친구 사이였다.

*〈연의〉 손책 아버지 손견, 방심하여 투구 벗은 채 적 쫓다가 매복에 당해 젊은 나이에 죽다.

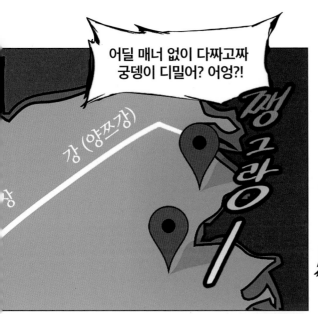

어딜 매너 없이 다짜고짜
궁뎅이 디밀어? 어엉?!

니가 어?! 약해빠진
공무원 샌님을 줘팼다고

눈깔에 뵈는 게 없나본데~!
우린 찐파이터야, 인마~!!!!!!

오케이! 인정!
꼴랑 스물셋에!

우리 백호파에 덤빈 패기는
쿨하게! 칭찬해준다!

*〈정사〉 원술, 강동지역(양쯔강 동쪽) 멋대로 장악하다. 원술 장수 손책, 악명 떨치던 거대 산적떼 두목 엄백호 제압하다.
**〈정사〉 이름높은 강동 관료 및 명문가 호족들(유요, 왕랑 등)이 원술에게 저항했으나 손책이 모조리 격파하다.

커헉…!

멍청한 놈…
착각도 자유로다!

…흐헉?!

이 손책이 왜…

시종일관 붉은 헬멧을
쓰고 다니는 줄 아느냐?

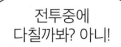

전투중에
다칠까봐? 아니!

*〈정사〉 손책 아비 손견. 상징으로 늘 붉은 두건을 머리에 두르다.

*〈정사〉 손책, 강동을 호령하던 산적 엄백호를 제압하다. 엄백호, 동생 엄여를 보내 화해 청했으나 손책, 창으로 엄여를 찔러 죽이다.

끄윽…

아이고~ 손대장아!
바닥 청소
누가 하라고?

예, 죄송! 신성한 군영에
더러운 도적의 피를 뿌렸군…

죽이기도 아까운
잔챙이들이었는데 말야!

백호파 넘버투 엄여
거절믄양반이깨하시내ㅋ
화회하고잘지네봅시다

손책.
닥치시오

손책님께서 퇴장하셨소!

손책님을 초대하셨소!

백호파 넘버투 엄여
ㄷㄷㄷ거한성깔하시내
그러면누가 ㅉ쫄줄알어

*〈정사〉 손책, "엄백호 무리는 도적떼에 불과하다"며 무시하다.

이 손책에게
두려움 따윈 없음을…

아이고~
자랑이십니다!

깜짝!

*손책 참모 장소&장굉(강동 이장), 가족도 아니건만 평생 친하게
지내다. 둘 중 한 명이 싸우러 나가면 나머지가 근거지 지킨다.
「오서」

여보게 짱소!
나 화딱지 나서
미치겠네!

우리 장군께서는…
언제쯤 겁대가리를
키우실꼬?

신중한 손책군 참모
장소 字 자포
(42세)

완고한 손책군 참모
장굉 字 자강
(45세)

어허~ 짱굉 이 사람!
주군께 겁대가리가 무언가?

"겁대갈님"이라고
하시게나!

콰득!

절 아끼는 이들 두고
제가 어찌 눈감겠습니까?

걱정 ㄴㄴ입니다!
화살도 칼도 잘생긴 사람은
피해 가니ㅋㅋ… 악! 악!

짝!

짝!

짝!

짝!

그게!! 말입니까!!
방귑니까!!!

광선생!
더 딱딱
때려주소!

크하학!!

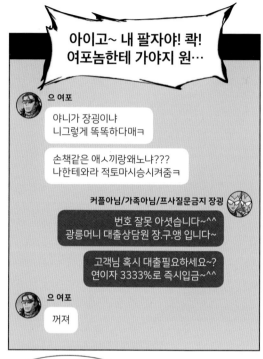

아이고~ 내 팔자야! 콱!
여포놈한테 가야지 원…

으 여포
야니가 장굉이냐
니그렇게 똑똑하다매ㅋ

손책같은 애스끼랑왜노냐???
나한테와라 적토마시승시켜줌ㅋ

커플아님/가족아님/프사질문금지 장굉
번호 잘못 아셧습니다~^^
광릉머니 대출상담원 장·구·앵 입니다~

고객님 혹시 대출필요하세요~?
연이자 3333%로 즉시입금~^^

으 여포
꺼져

짱굉 이 사람!
꾸중은 그쯤하시게.

급한 보고드리러
찾아뵌 것이잖은가?

허

허

멈칫!

…아차!!!

*〈정사〉 손책, 성격이 활발하여 사람들이 그와 대화하길 즐기다.
**〈정사〉 여포, 인재로 소문난 장굉을 손책에게서 빼앗으려 하다. 그러나 장굉, 여포를 싫어하고 부하가 되기를 부끄러워하다.「장굉전」

장군! 큰일났습니다. 주선생이 가출했습니다!

뭐라?!

저희 군량미 간당간당하잖습니까?

어르신 통장 잔액 보더니만… 돈 구해 오겠다고 뛰쳐나갔습니다!

허~ 이런 건 원술 그 양반이 주는 게 맞건만!

답 없는 인사 같으니라고…

뉴스 강동데일리

[뉴스] 원모씨, 홍청망청 사치해 내부자 J모씨들 충격증언 "명품을 종이컵처럼 갈아치워"

스물 갓 넘은 학생이 어디서 큰돈을 구한다고…

주유! 너 대체…
어디서 뭘 하는 거냐?!

……

무얼 망설이십니까?
어서 고르시지요!

손책 찐절친
명문가 주씨 집안
주유宇공근

이 사람,
거짓말은 않습니다.
확률은 5 대 5…

컵 둘 중 하나에,
틀림없이 제 재산 절반을
넣어두었습니다!

이름난 부자
???

주유의 도박

엄청난 부를 자랑하는
서주 노씨 집안.

삐잉...!

그리고 당신이 바로…
이 집안을 이끄는
우두머리!

나와 나의 벗
손책에겐

군사를 일으켜 뜻을 이룰
돈이 필요하다…

확률은 반반!
실패해서는 안 돼!

…!!!

이것 참!
축하드립니다.

손장군께선…
좋은 친구를 두셨군요!

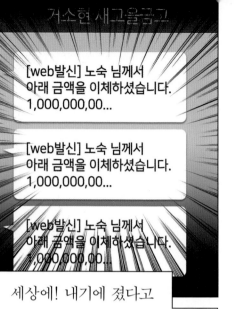

거소현 새 그율금고

[web발신] 노숙 님께서
아래 금액을 이체하셨습니다.
1,000,000,00...

[web발신] 노숙 님께서
아래 금액을 이체하셨습니다.
1,000,000,00...

[web발신] 노숙 님께서
아래 금액을 이체하셨습니다.
1,000,000,00...

세상에! 내기에 졌다고
정말로 이 어마어마한
돈을 내놓다니?

!

부우우웅...

옳은 쪽을 고르셨으니…
제 재산 절반을 드리지요!

약속대로…

참 속 모를 사람이군!
됐어, 볼일은 끝났다.

감사합니다, 큰어르신!
전 이만 장군께
복귀하겠습니다.

*〈정사〉 노씨 집안. 집에 있던 두 개의 창고 중 하나에 들어 있던 곡식 3,000곡을 주유와 손책에게 모두 내어주다.

……

둘 다 당첨이라니…! 왜?!

설마 당신은! 무조건…
재산의 절반을
내어줄 생각이었나?!

손책 장군님 말입니다.
참 대단한 분이시더군요.

적에게는 무자비한 소패왕!
그러나 약한 백성들은
절대 괴롭히지 않아

행군하는 곳마다
백성들이 웃으며
맞이한다지요?

손책군 서포터즈
방금 전 모바일로 작성, 거소현

손책군 내일 우리 고을 온답니다
밥차/커피차/토스트차 준비하겠습니다
우리 손랑이 기뻐했으면 좋겠네요ㅠㅠ

주유님 외 20k명이 좋아하오!   댓글 8,277개

손책 · 환영 고맙소! 마음만 받으리다♥

*〈정사〉 높은 관리들, 손랑(손책 별명)이 나타나면 두려워 쥐처럼 숨다. 그러나 손책군, 기강 잡혀 백성들 닭이나 채소조차 빼앗지 않으니,
백성들이 앞다투어 술과 고기를 대접하다.「손책전」

그런 영웅께는 기꺼이…
제 모든 걸 내어드려야지,

어찌 감히…
희롱을
하겠습니까?

엄청난 부자,
노씨 집안 대표
노숙 字 자경

아이구 됐다!
거실두 불 잘 들어오네~!

큰어르신~ 다 고쳤습니다요!
퓨즈가 나갔었어, 퓨즈가~!

아이고! 고생 많으셨습니다. 이걸로 약주라도 한잔…

어엥~??

하이고 참말로~! 됐습니다요, 돈은 무신!

넣어둬 넣어둬~!

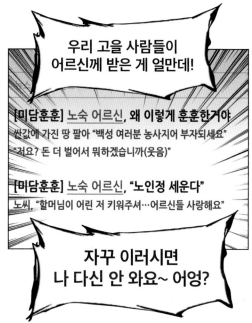

우리 고을 사람들이 어르신께 받은 게 얼만데!

[미담훈훈] 노숙 어르신, 왜 이렇게 훈훈한거야
싼값에 가진 땅 팔아 "백성 여러분 농사지어 부자되세요"
"저요? 돈 더 벌어서 뭐하겠습니까(웃음)"

[미담훈훈] 노숙 어르신, "노인정 세운다"
노씨 "할머님이 어린 저 키워주셔…어르신들 사랑해요"

자꾸 이러시면 나 다신 안 와요~ 어엉?

내가 요기는 받을게~!

부와앙

…참으로 끔찍한 시대지요?

*〈정사〉 노숙, 천성이 베푸는 걸 좋아하다. 가업은 잇지 않고 재물과 땅을 풀어 가난한 사람들을 구하다. 「노숙전」

매일 짐승이 짐승을 잡아먹는
지옥이 눈앞에서 펼쳐집니다.

힘없고 약한 자들은, 고통에 몸부림치건만

세상은 그 비명에 귀기울이지 않아요.

분명 머지않아…
천하는 잿더미가 되고

!!!

죽음만이 고요히
온 땅을 덮겠지요!

그전에
난세를 끝내야 합니다.

하루라도 빨리…

뜻 있는 영웅들과
새로운 질서를 만들어야 해요!

그걸 도와주신다면!
이 노숙, 손책 장군님과
주유 어르신의 졸개가 되어

모든 걸
바치오리다!

오호라! 모든 걸
바치겠다 이 말이지?

그럼… 야, 숙!
너 빨리 번호 내놔.

뜻 있는 사람끼리
만났는데!

!!!

위아래가
어디 있나?

오늘부터
1일! 쭈&숙

졸개는 됐으니…
친구부터 시작하자,
이 말일세!

우웅

⚠️ [안전알림e] 피난주의보
손책군, 적군과 충돌…전투개시

…?!!

우웅

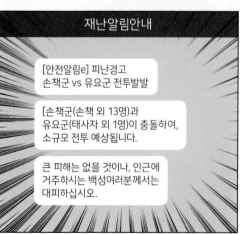

재난알림안내

[안전알림e] 피난경고
손책군 vs 유요군 전투발발

[손책군(손책 외 13명)과
유요군(태사자 외 1명)이 충돌하여,
소규모 전투 예상됩니다.

큰 피해는 없을 것이나, 인근에
거주하시는 백성여러분께서는
대피하십시오.

유요라니! 지난번에
처참히 깨졌던 자 아닌가?

…!!!

*〈정사〉 주유, 노숙의 비범함을 알아보다. 평생 두터운 우정을 쌓다. 「노숙전」
**〈정사〉 기병 13명 이끌고 가던 손책, 하필 탐색 나온 적군과 딱 맞닥뜨리다.

손책 vs. 태사자

이런 맙소사…!

[안전알림e] 피난경고
손책군 vs 유요군 전투발발

[손책군(손책 외 13명)과
유요군(태사자 외 1명)이 충돌하여,
소규모 전투 예상됩니다.

큰 피해는 없을 것이나, 인근에
거주하시는 백성여러분께서는
대피하십시오.

주유,
어쩌면 좋나?

…?!!

자네 주군 목숨이
위험하네!

어찌
태사자를 몰라?

…서주에선
명성이 자자한데!

무시무시한 전사일세!
한번 물면 반드시
숨통을 끊는 맹수처럼.

유요군에 들어갔으나 출세 못 하고 있다더군!

적장 손책 목이 얼마나 탐나겠어?!

…!!!!!!!

손책! 너… 무사한 게냐?!

손책의 말

태사자의 목걸이

*〈정사〉 이름난 관리 유요, 맹장 태사자에게 정찰이나 시키다.

손책 vs. 태사자

*〈정사〉 손책과 태사자, 맹렬하게 일대일 결투하다.
**〈연의〉 옷이 너덜너덜 찢어지도록 싸우다.
***〈정사〉 손책과 태사자 전투, 어찌나 격렬했는지 역사서에 남다.

손책 vs. 태사자

끄으윽… 빌어먹을! 몸이 쇳덩이더냐…

…헙?!

크하하! 다들 보아라! 내가 손책놈 대가리를 취했다!

흥! 멍청아! 나야말로 네놈 무기 스틸했다!

핫! 넌 이제 시체나 다름없느니라!

*〈정사〉태사자, 손책 투구 빼앗다.
**〈연의〉주위에 자랑하다. "내가 손책 대가리를 취했다!"
***〈정사〉손책, 태사자 무기 빼앗다.
****〈연의〉손책, 빼앗은 무기 자랑하며 "태사자는 겁쟁이"라 도발하다.

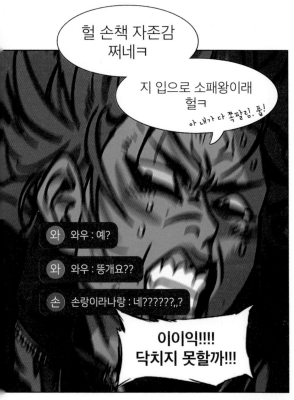

*〈정사〉 싸움이 격해지자 군사들, 손책과 태사자를 말리러 달려든다.

손책 vs. 태사자

*〈정사〉 손책. 유요군과 싸우다 허벅다리에 화살을 맞다.

*〈정사〉 유요군, 달려들어 손책과 싸우던 태사자 끌고 가다.
**〈정사〉 손책, 13명 부하들과 길 가다 태사자 마주치다. 일대일로 결투하다.

*〈정사〉 태사자 주군 유요, 태사자를 푸대접하다. 정찰 등 사소한 일만 맡기다.

유요 어르신

태사자

예?? 저희군 지휘관 단체방이
따로 있다고요?? 전 왜 모릅니까??

저도 초대해주십쇼그럼

공정함을 추구하는 참된 강동의 일꾼! 유요입니다
아,,,미안하네 그건좀,,,
아무나 막 초대하면 욕먹어서,,,

태사자

????제가 어떻습게 아무납니까??
목숨걸고 싸우는건 전데?????

공정함을 추구하는 참된 강동의 일꾼! 유요입니다
아니,,,다 명문가 사람들르뿐이라,,,
서로 친하다보니 우리끼리만 아는
이야기도 워낙이게많고,,,T.T

유요군 친목방 참가자 :
명문가팸/ 정치인 유요,
명문가팸/ 평론가 허소선생...

자네 불편할까봐 배려한거지 나는,,,T.T

걱정말게 중요한 내용은
자네한테도 다말해줌세 응???

이 태사자, 태어나길
전사로 태어났다!

…싸우다 죽는 것?
흥! 조금도 두렵지 않아!

그러나 날 무시하는…
틀린 주인 위해
죽어야 하다니?

…지금이다!

*⟨정사⟩ 명문가 출신 유요, 태사자 귀하게 쓰라는 주변 사람 추천에 머뭇거리다. "그런 자를 귀하게 쓰면 내가 허소에게 비웃음당할 것이다."
**⟨정사⟩ 허소는 조조를 "난세의 간웅, 치세의 능신"이라 평가한 그 사람. 영향력 큰 명문가 엘리트로, 이때 유요와 함께 있었다.

?!!

당겨라!!!!!!!!!!

맘놓아라! 손책!

이 주유가!
단 한 놈이라도

네 적을 몸 성히
살려보낸 적 있더냐?!

도, 도적뗀가?!!!
아니야! 도적 따위가 어찌

기병이 지나갈 길목을
정확히 예측하라!!!

원통합니다…
분합니다! 어머니!

이 태사자가,
이토록 허무하게…

아쉽다!
손책…

저승에서 만나거든,
못다 한 승부를
내자꾸나…

*〈연의〉 태사자, 주유가 쳐둔 함정(반마삭)에 걸리다.

강동, 손책군 주둔지

긴급 의무실

하이고~ 내 진작
바느질 연습 좀 할 것을.

꿈에나 알았나?
울 꼬마 소패왕 다리에
오버로크 칠 줄?

신이 내린 의사
화타 字 원화

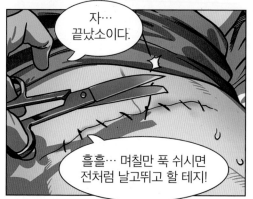

자…
끝났소이다.

흘흘… 며칠만 푹 쉬시면
전처럼 날고뛰고 할 테지!

가, 감사합니다 선생님.
위험한 전장에
귀한 발걸음해주시어…

연관검색어 : 화타, 갓타, 명의, 신의, 닥터화타, 화타나이…

인물검색

학력 : 서주대학 인문대 졸
　　　예주의대 외상외과 정교수

흘흘! 선생님은 무슨?
잔재주요, 잔재주.

지식인

Q 엥 닥터**화타** 의대졸 아니에요???
(내공10) 난세로운 의원생활 실제모델이라고 친구가 말…
A 넵 인문대졸입니다…야매….ㄷㄷㄷㄷㄷ

*〈연의〉 명의로 유명한 화타. 『삼국지』시대의 사람. 머리는 하얗게 세웠으나 동안이라 전해진다. 신묘한 의술로 손책을 도왔다.
**〈정사〉 서주 사람 화타, 본디 학자였으나 의술로 이름 떨치다.

*〈정사〉화타, 당시로선 파격적인 칼로 살 째는 수술하다.

*〈정사〉 손책, 자기가 죽었다는 거짓 소문을 내, 적을 방심하게 만들다.
**〈연의〉 주유, 그 틈을 타 유요군 본진을 치다(정사에서는 손책이 직접 싸움).
***〈연의〉 손책 절친 주유, 함정 파서 본진으로 돌아가던 태사자를 사로잡다.
****〈정사〉 도망친 유요, 병으로 죽으니 손책이 그 가족들을 거두어 돌보다.

유요 그놈은 자네의
진정한 주인이 아니야!

자네한테 벼슬도 안 줬다며!
아랫사람 단물만 빠는 게 뭔 주인인가?

성공의 단 열매는 나누고!
실패는 자기가 책임져야!

비로소 주인은
부하에게 살고 죽으라
명령할 수 있는 법이야!

그러나 정반대인 놈들이 훨 많지.
성공하면 내 덕, 실패하면 부하 탓…

그딴 쓰레기를 위해
목숨 바쳐 싸우는 억울함!

이 손책이 모를까?! 어?

*〈정사〉 손책. 태사자 다독이다. "난 경의 친구가 되고자 하오. 우리 뜻이 다를까 걱정 마오."

곧 12시군…
손책, 맘 비우고
기다리자.

환 영

사자야 어서와
손책군
입대 축하해

충심 깊은 장수라,
되레 너 보기 죄스러울 테지.

다짜고짜 죽이려 들었으니…

흥! 아니거등? 내가 용이고!
갓사자는 내 날개거등?!

응 그래크
누가 뭐랬냐고!

오후 12:00

나 또한 꼭… 태사 장군이
우리와 함께했음 한다!

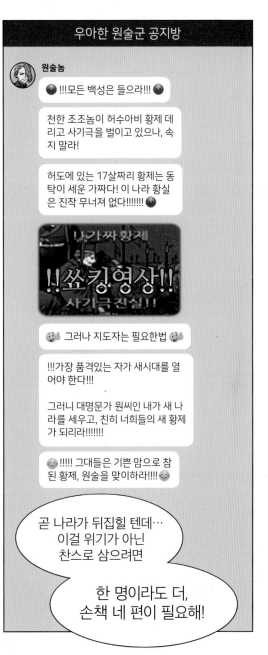

우아한 원술군 공지방

원술놈

🌑 !!!모든 백성은 들으라!!! 🌑

천한 조조놈이 허수아비 황제 데
리고 사기극을 벌이고 있으나, 속
지 말라!

허도에 있는 17살짜리 황제는 동
탁이 세운 가짜다! 이 나라 황실
은 진작 무너져 없다!!!!!! 🌑

나가짜 황제
!!쑈킹 영상!!
사기극 진실!!

👀 그러나 지도자는 필요한법 👀

!!!가장 품격있는 자가 새시대를 열
어야 한다!!!

그러니 대명문가 원씨인 내가 새 나
라를 세우고, 친히 너희들의 새 황제
가 되리라!!!!!!!

😊 !!!!! 그대들은 기쁜 맘으로 참
된 황제, 원술을 맞이하라!!!! 😊

곧 나라가 뒤집힐 텐데…
이걸 위기가 아닌
찬스로 삼으려면

한 명이라도 더,
손책 네 편이 필요해!

*〈정사〉 태사자, 유요군 잔병 수습하여 정오까지 오겠다 약속하다. 손책군 장수들, 안 올 거라 의심하다. 그러나 손책, 환영 잔치 준비하고 기다리다.
**〈정사〉 손책, 태사자 의심하는 장수들에게 말하다. "용도 승천하려면 척목(용 머리에 있다는 보물. 없으면 날 수 없다)이 있어야지!"
***〈정사〉 손책 주인 원술, 스스로 중(仲)나라 세우고 황제로 즉위하다. 온 나라 사람들, 경악하다.

*〈정사〉태사자, 약속대로 유요군 1만 명 이끌고 오다. 손책군에 큰 힘 되다.

아버지, 어머니! 반동탁연합 때
고생 실컷 하시고 잡지 못하셨던 대의를…

이번에야말로 손에 넣겠습니다!

이리하여 손책, 반원술연합군 결성해
"역적 원술 무너뜨리겠다!" 선언한다.

허도 신도시
(새 수도)

강동

한편, 허도의 조조는 깜짝 놀랐다.

"원술이 즉위하다니? 이건 어린 황제와
황제를 지키는 나에 대한 도전이다!"

*〈정사〉 손책네 가족들, 반동탁연합군 참가했으나 이용만 당하다.

황궁에 있는 조조,
빡쳐서 제정신 아니었으니.

컥…!

어이쿠! 깝깝합니까?
미안하게 됐소이다~ㅠㅠ

힘 조절이 안 되는군

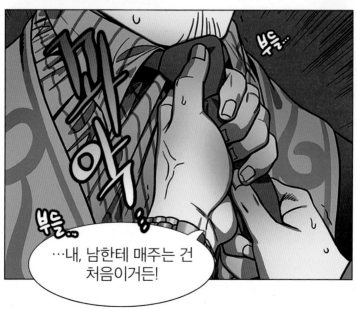

…내, 남한테 매주는 건
처음이거든!

하, 하핫! 별말씀을요!
어르신 덕에 살았습니다!

전 1도 몰라서요.

궁중 예법이나…
명품 패션이라곤…

옷도 그냥…
늘 입던 것 걸치려 했는데…

뭐라?
푸하하핫!

깜짝!!!

유공! 옷이라니?
설마 저…

걸레로도 쓰기 싫은
천쪼가리 말이오?

크하하핫!

여봐라, 쓰봉 가져오라!
내 콱 쑤셔넣을게.

…!!

이 자랑스러운 허도엔! 물건이고 사람이고

···저게 어떤 옷인데···!!!

더럽고 구질구질한 건 필요 없다!

푸하핫! 아우님, 고맙긴 뭘?

빵끗!!

···나도 기쁘오. 촌뜨기 의병장 유비놈은 뒈졌어!

이제 그대는 고귀한 황손, 유공이시라 이 말이야!

씨익!

···뭘 쪼개? 이 귀 큰 사기꾼 X꺄!

205

존경하는 유황숙

황손 유공? 어쩌라고?
황실 핏줄이
만능 치트키더냐?

그랬음 첨부터
어린 황제가 거지꼴로
헤매는 일도 없었지!

감히, 이 조조 앞에서
고개를 빳빳이 세워?

하핫! 어, 어르신!
뭘 그리 서두르십니까?

엄청 신나셨네~

닥치고
따라오셔!

내 할 짓 없어서

그대를 때 빼고
광낸 줄 알아?!

모, 모든 대소신료는!
우리 나라와 만백성 다스리시는

황제폐하께
예를 갖추시오!

마, 맙소사!
저분이 바로 황제…

하늘의 자손,
천자天子 폐하시구나!

황제 유협
(헌제, 17세)

꾸… 꿈만 같다.
뉴스에서나 뵈었는데!

어떻해야 친구들이 나
황손인거 믿어주...

황궁에서 지킬 예절

황제폐하

황손

황실

어릴 적
애타게 꿈꾸었던,
구름 위 세계 황실…

이곳에 내가,
정말로 발을 들이다니…

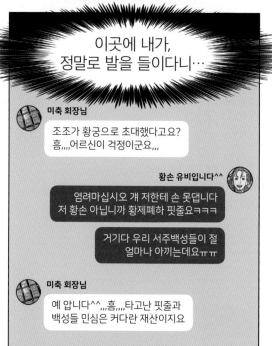

미축 회장님

조조가 황궁으로 초대했다고요?
흠,,,,어르신이 걱정이군요,,,

황손 유비입니다^^

염려마십시오 걔 저한테 손 못댑니다
저 황손 아닙니까 황제폐하 핏줄요ㅋㅋㅋ

거기다 우리 서주백성들이 절
얼마나 아끼는데요ㅠㅠ

미축 회장님

예 압니다^^,,,흠,,,,타고난 핏줄과
백성들 민심은 커다란 재산이지요

미축 회장님

그냥 이 사람은,,, 흠 어르신
실망하실까 걱정입니다,,,T.T

황손 유비입니다^^

??,????

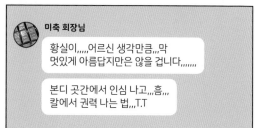

미축 회장님

황실이,,,,어르신 생각만큼,,,막
멋있게 아름답지만은 않을 겁니다,,,,,,,

본디 곳간에서 인심 나고,,,흠,,,
칼에서 권력 나는 법,,,T.T

존경하는 유황숙

미회장님… 이제야 무슨 말씀이신지 알겠습니다.

미축 회장님
흠,,아닙니다,,,,,,어르신 눈으로,,,,, 현실 직접 보시지요,,,T.T

제가 촌뜨기 의병장이든 귀티 나는 황손이든

전 조조의 밥이로군요…

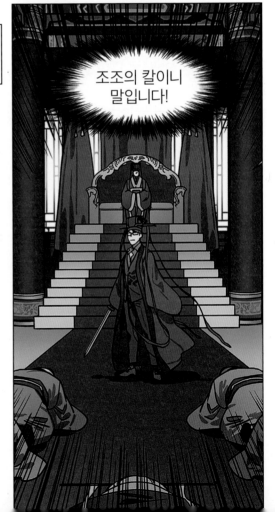

조조의 칼이니 말입니다!

모두가 존경하고 겁내는 건! 황실도 황제도 아닌

*〈정사〉 조조, 황제 머리 위에서 놀다. 황제 만날 때도 칼 차고 들어가는 특권 얻다.

나와 내 사람들 목숨이…
괴물 손에 달렸구나…

아니! 왜 그러시오,
유공? 어디 편찮소?

당당한 기개는 어디 가고…ㅋ
도살장 끌려온 것마냥
발발 떠실꼬?

하핫! 얼굴 좀 들어보시오.
황손 어르신!

탕
탕
탕!

숙부님!

*〈연의〉 어린 황제 유협, 대뜸 유비를 황숙(황제의 숙부)이라 부르며 친근하게 굴다.

대소신료들은 들으라!

조조 근거지
허도 신도시 황궁

이처럼 어려운 때에…
하늘에서 백성들을 보살피라며

짐에게 의로운 사람을
보내주셨도다!

숙부님!
이 어린 조카,

숙부님 가르침만
따르겠습니다!
…잘 이끌어주십시오!

어… 어엇?!
가, 감사합니다…
아, 아, 아니
황송하시다…?!

이, 이게 무슨 일이냐?
내가 꿈을 꾸나?

똑…
툭…

덜
덜…

하늘 같은 황제폐하께서…
내 조카라니?!!!

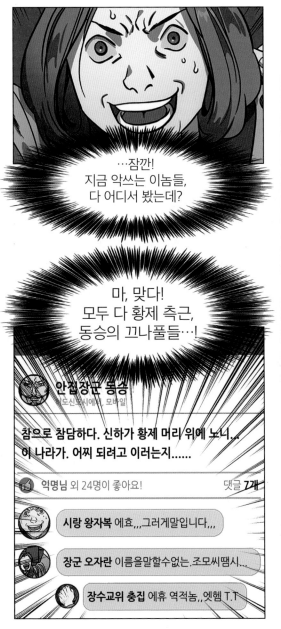

…잠깐!
지금 악쓰는 이놈들,
다 어디서 봤는데?

마, 맞다!
모두 다 황제 측근,
동승의 끄나풀들…!

안집장군 동승
열도신도시에서 모바일

참으로 참담하다. 신하가 황제 머리 위에 노니...
이 나라가. 어찌 되려고 이러는지……

익명님 외 24명이 좋아요!　　　　　댓글 7개

시랑 왕자복 에효,,,그러게말입니다,,,

장군 오자란 이름을말할수없는.조모씨땜시...

장수교위 충집 에휴 역적놈,,엣헴 T.T

감히 날
역적이라 부르는!
쳐죽일 패거리들
아니더냐?!

어린 황제 헌제 측근
조조 반대파 수장
동승

조조! 넌 도를 지나쳤다.

제2의 동탁… 아니! 더 몹쓸 역적이 될 것이야!

고위관직은 모두 조씨, 하후씨뿐… 조조는 황실을 제 안방처럼 휘젓고 있어.

그러나 유비는 힘없는 가문 출신! 세도가가 될 위험이 없다…!

꽈악

하! 그러니 힘을 실어주어… 유비놈을 날 견제할 대항마로 키우시겠다?

흠! 유리구두 하나면 가난한 소녀는 왕족이 되는 법!

명분은 칼보다 강하네. 또한 만들어내기도 쉽지!

각오하는 게
좋을 게야…

태, 태위 어르신!
큰일났습니다!

저저저저저,
전쟁입니다!!!!!

유, 유표의 대군이…
바로 코앞까지 왔답니다!!

[속보] 형주 젠틀맨 유표어르신, 조조에게 선전포고

허도

형주, 완

▲ [그래픽] 허도 바로 아래, 완까지 진격한 유표군

"역적 조조놈 죽이고, 어린 황제폐하 구출하겠다"

유, 유표…?! 형주 거물 아니냐!!

헙…!!!

망할… 이럴 때가 아니다!
동승, 겨우 산 줄 알라!

허도를 잃으면…
모든 게 끝장이야!

허도 신도시 중심부
조조 대저택(공사중)

어엇?!
주인 어르신??!

어인 일이십니까?!
왜 벌써 퇴근하셨…

푹!

닥쳐라!
내 갑옷이나 가져와!

옷만 갈아입고 다시 나간다!

유표 그 불여우 조지러…

하여간 유씨 놈들이 문제야!

그자 또한 황실과 인연 깊은 명문가 출신…

속은 시꺼먼 욕심으로 가득한 주제에, 의리니 충심이니 지껄이는 호박씨의 제왕!

네깟 놈이… 감히 이 조조를 건드려?

에잇! 망할 놈의 예법, 양파처럼 겹겹이도 싸매는군!

이 느림보들아! 그러고도 월급 받느냐?

빨리 갑옷을 대령하란 말이다…!

어엇?!

조조 큰아들(착함)
조앙 字 자수

근데 왜 여기 있냐? 야자는 어쩌고?

짜식이! 아빠 집에 잘 안 온다고 땡땡이나 치고 말야 엉~?

타이~!

하… 이 등신아. 걔 올해 스무 살이거든?

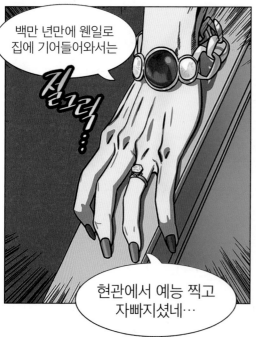

백만 년만에 웬일로 집에 기어들어와서는

질그럭…

현관에서 예능 찍고 자빠지셨네…

야 조아만씨, 밖에서 뭘 하고 다니시길래…

니 새끼 나이도 모르니?

명문가 정씨 집안 조조 아내 정영옥(정부인)

*〈삼국지톡〉 조조, 일찍이 결혼하다. 정략결혼이었을 것이며 조조가 아내를 깍듯이 대했다 전하므로, '명문가 출신' '연상'으로 설정했다.

조조 근거지 허도 신도시
초호화 주상복합

네! 물은 100℃에서
끓는답니다.

띠링♪

공룡들은
언제 다 죽었어?

네! 여러 가지 설이 있어요.
기후와 생태계가 변하며 하루아침에,
혹은 서서히 사라졌을 거예요.

조조 넷째아들
똘똘한 조식(6세)

'내연'이 뭐야?

네! 자동차, 오토바이를
움직이는 열기관이에요.
가솔린, 디젤 등 연료를 태워
에너지를 얻어요.

너! 빨리 일어나.

허도 중심부, 조조 저택

이 꼴사나운 깔깔이도 빨리 벗어!

…니가 이 엄마 죽는 꼴 보려고 이러지 응?!

어머니! 소자 다 컸습니다!

예! 저 이제 스물입니다.

…그러니 세상에 뜻을 펼쳐야지요!

저도 아버님 따라 전장에서 싸우겠습니다.

용맹한 전사들과 함께 소자, 아버님을 지킬 겁니다!

하! 기막혀! 다행히 지 아빠 안 닮았다 했더니

다행히!?

니가 조조 아들램 맞긴 한가보다?!

뼈빠져라 먹이고 입혀 키워놨더니…

되고픈 게 고작 사람 백정이니??!

흠칫!

제 친어머니도

아니시잖습니까!

*〈정사〉 정부인과 조조 사이엔 평생 아기가 생기지 않았다. 조앙은 일찍이 사망한 조조 아내(유씨 부인)가 낳은 아이.

허도스포츠 신문사

끄하하학~!!!!!
아 편집장니임~!!!

내가 뭐랬어~?!
이거 대박 친다니깐요?
흐학!!!!!!!!!!!!!!!!!!

연예부 기자
길예기

흐흐! 클났네~
나 인센티브 주다가 울 회사
쫄딱 망하게쓰~~

(알수없음)

조조스캔들 기사 쓴 기자님이죠?
전직가수 B씨 본인입니다.
기사내리세요

엥?

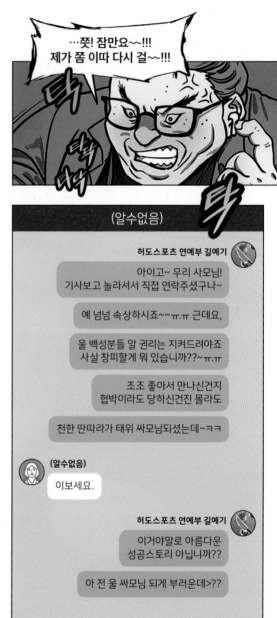

…쯧! 잠만요~~!!!
제가 쫌 이따 다시 걸~~!!!

(알수없음)

허도스포츠 연예부 길예기

아이고~ 우리 사모님!
기사보고 놀라셔서 직접 연락주셨구나~

예 넘넘 속상하시죠~~ㅠ.ㅠ 근데요,

울 백성분들 알 권리는 지켜드려야죠
사실 창피할게 뭐 있습니까??~ㅠ.ㅠ

조조 좋아서 만나신건지
협박이라도 당하신건지 몰라도

천한 딴따라가 태위 싸모님되셨는데~ㅋㅋ

(알수없음)

이보세요.

허도스포츠 연예부 길예기

이거야말로 아름다운
성공스토리 아닙니까??

아 전 울 싸모님 되게 부러운데>??

*〈정사〉 조조 측실 변부인은 춤과 노래를 익힌 가기歌妓 출신. 당시 예능인은 신분이 천했다.

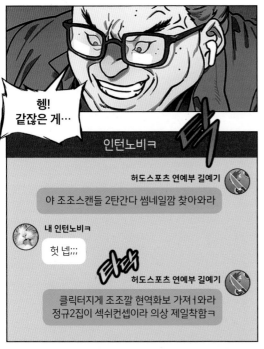

헹!
같잖은 게…

인턴노비ㅋ

허도스포츠 연예부 길예기
야 조조스캔들 2탄간다 썸네일깜 찾아와라

내 인턴노비ㅋ
헛 넵…

허도스포츠 연예부 길예기
클릭터지게 조조깔 현역화보 가져ㅓ와라
정규2집이 섹쉬컨셉이라 의상 제일착함ㅋ

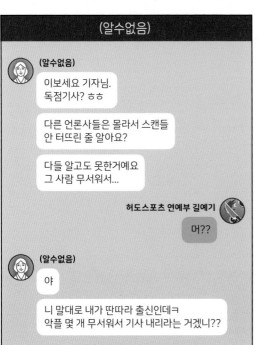

(알수없음)

(알수없음)
이보세요 기자님.
독점기사? ㅎㅎ

다른 언론사들은 몰라서 스캔들
안 터뜨린 줄 알아요?

다들 알고도 못한거예요
그 사람 무서워서…

허도스포츠 연예부 길예기
머??

(알수없음)
야

니 말대로 내가 딴따라 출신인데ㅋ
악플 몇 개 무서워서 기사 내리라는 거겠니??

이 등신아!

내가 너랑… 니 애
살리려고 이런다!!!

*〈정사〉 변부인, 강철 멘탈 소유자. 늘 온화하나 대범했다고.

야 조아만. 알지?

너… 진짜 쓰레기야.

그래도 나!

니가 뭔 개짓을 해도 못 본 척 넘어가줬어.

집안에서든… 집밖에서든!

어차피 정략 결혼이고 너랑 난 비즈니스니까.

그나마 니가!

니 가족들한텐 살갑길래 지금껏 사람 취급해준 거지!

*〈정사〉 조조, 사적으로든 공적으로든 자기 욕하는 사람은 가차없이 없애다.

*〈정사〉 정부인, 엄마 잃은 어린 조앙을 금이야 옥이야 키우다. 조앙, 조조 따라 유표군 토벌 나서다.

*〈정사〉 유표군, 완성에서 조조군에 항복하다.

유표군 다혈질 장수
장수 字 없음

…씨! 나 찐으로!!!
항복한다니까는??!

왜!!!!! 인간 말을 안 믿어??!!!

…헙!!!

아, 아차!!!

똑똑이 책사선생

어제, 여기까지 보셨소이다

똑똑이 책사선생
장군 조조보면 항복하십쇼 😵
무! 조! 건!!!!!! 싹싹비십쇼!!!!!!

유표군 장수
엥?????????????????

아니뭐 이딴책사가 다잇어
내가 그러라고 선생 월급주는줄 아쇼>>??;

조조놈 이길 계책을ㄹ내노라고ㅠ

똑똑이 책사선생
죄송합니다ㅠㅠㅠ이놈은 멍청이라
이기는법은 모릅니다…ㅠㅠㅠㅠㅠㅠ

오직 살아남는 법만 알죠ㅠㅠ

유표군 장수
???

네 숙모가 누구시니

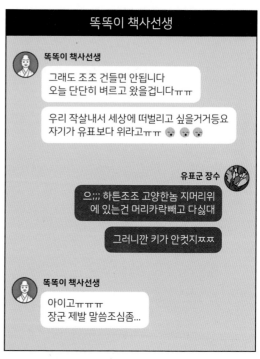

똑똑이 책사선생

똑똑이 책사선생
그래도 조조 건들면 안됩니다
오늘 단단히 벼르고 왔을겁니다ㅠㅠ

우리 작살내서 세상에 떠벌리고 싶을거거요
자기가 유표보다 위라고ㅠㅠ 😶😶😶

유표군 장수
으;;; 하튼조조 고양한놈 지머리위
에 있는건 머리카락빼고 다싫대

그러니깐 키가 안컷지ㅉㅉ

똑똑이 책사선생
아이고ㅠㅠㅠ
장군 제발 말씀조심좀...

똑똑이 책사선생
서주백성들 어떻게 됐는지 아시죠??/???
오늘만 눈 딱감고 숙이십쇼...ㅠㅠ

*〈정사〉 조조, 항복한 장수군 반갑게 맞이하다.

형주 완성
장수군 막사

원샷!

원샷!

푸흽!!!!

끄어억??!!

푸하학! 끅! 장장군!
내 미안하게 됐소!
간만에 달렸더니 몸이 안 받네~!

자자! 가만있어!
내 닦아줌세!
우리 이제
한가족 아닌가~

흥하게 흥~!

악! 조조 이 개자식!
시비 트는 거지, 지금?!

가까이서 보는 건
처음인데…
몸집도 왜소하고

자자 미안! 쏘리!
내 술 한 잔 받으셔~ㅋㅋ

옷 꼬라지는 이게 뭐냐?!
씨, 진짜 별거 없고만!!!

*〈정사〉조조, 밥을 먹다가도 갑자기 크게 웃음 터뜨리다. 옷 갖춰 입지 않고 편하게 하고 다니다.

나 괜히 항복한 거 아뇨?!
…똑똑이 책사선생!

前前前동탁군 前前이각군
前유표군→現장수군 책사
가후字 문화
(a.k.a. 프로이직러)

아이고~ 장장군님!
조조를
얕보지 마십쇼.

아유
딱 한 잔만 받으십쇼~
ㅠㅠㅠ

그자는
겉과 속이 완전히
다릅니다요~ㅠㅠ

네 숙모가 누구시니

…으, 으히익!

저, 저, 전위!!!!
여태 거기 있었냐?!!!

이… 소름 끼치는 놈!!!

무거운 창자루를…
이쑤시개처럼 휘두른다지?!!!

잠도 안 자며 조조 곁을 지킨다더니…
암살은커녕 손가락도 못 대겠네! 젠장!

그뿐입니까?
수많은 맹장들이 조조를
겹겹이 둘러쌌지요.

전위, 악진, 허저, 우금에
하후돈, 하후연 같은 친척들…

물론, 그렇대도
죽일 수야 있습니다마는…

*〈정사〉 전위, 화기애애한 연회중에도 철저히 조조를 호위하다. 조조가 술 따라줄 때마다 거대한 도끼를 치켜들고 상대방 노려보니, 다들 겁내다.

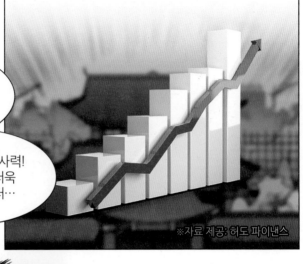

조조 근거지에서 생산하는 식량도 매년 엄청나게 늘고 있어요!

식량은 곧 군사력! 조조는 더더욱 강대해질 터…

※자료 제공: 허도 파이낸스

그러니 웃으십쇼!!! 무조건 스마일!!!

왜

어디 보자! 이제 정다웁게!

폰 내놔봐!

울 장장군 호구조사나 해보실까나~?!!

오잉? 요것 봐라~? 단축 1, 2번이 엄빠가 아녀~?!

♥숙마마♥

♥숙파파♥

엄니

영주

어허~ 이 불효자! 숙마마, 숙파파가 뉘야?!

애인들이구먼~?!

*〈정사〉 조조, 참모 모개의 농업개혁책 등 받아들여 식량 생산량을 늘리다.

어엇… 아뇨;;;
제 숙모님 숙부님이심다.

…에엥?
아놔 숙모!

장수의 숙부님
故동탁 부하 故장제

왜 프배 아직도
이 사진이셔?!

두 분한테 워낙 이쁨 많이 받은지라.
저 군대에 말뚝 박은 것도
울 숙부님 따라서였고…

♥CHU♥
♥숙마마♥

쯤~ 바꾸시라니깐!
맘 아프게 씨…

아버님! 취하셨습니다.
이제 쉬시지요…

남편 죽고
돌싱 된 게 언젠데…

오랜만에 전화나 드릴까

*〈정사〉 장수. 북서쪽 변방 양주 출신. 이민족과 섞여 살 만큼 중앙(낙양)에서 머나먼 지역으로, 숙부 장제를 따라 동탁군에 입대했다.

*장수의 숙모, 추씨.

…자, 장장군!
자네가 말해봐.

내가 뭘 잘못했나?!
나 참~ 억울해 죽겠네!

우리가 남인가?!
자네가 내 사람이 됐는데!

…당연히 직장 상사인 내가~!
꽃이라도 사들고 자네 집 가서!

집안 어르신께 앞으로
잘 부탁드리오~ 하고 인사 좀
드리겠다는데~ 어엉?!

이 개, 개자식이!
입에 침이나 바르고
거짓말해라!

실시간 급상승 [1위] 조조 스캔들

뉴스 > 허도스포츠

[독점] 거물정치인 조조, 은퇴한 댄스가수 B씨와 "끈적"

"내연의 관계"
알 사람 다 안다?!
"딴집살림 차린 지 오래…
어린애도 셋이나 있어"

…조조,
니 행실 개차반인 걸
온 세상이 다 아는데!!!

아니 뭐어~
만! 약! 에! 여사님이 나한테
홀딱 반하시면~

내겐 종묘사직이 있지마는!
사람 감정 내 맘대로
어쩔 수 있는 것도 아니고~

......

저는… 아버님이
부끄럽습니다!

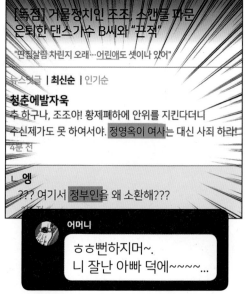

**[독점] 거물정치인 조조, 스캔들 파문
은퇴한 댄스가수 B씨와 "끈적"**

"딴집살림 차린지 오래…어린애도 셋이나 있어"

뉴스댓글 | **최신순** | 인기순

청춘에발자욱
추 하구나, 조조야! 황제폐하에 안위를 지킨다더니
수신제가도 못 하여서야. 정영옥이 여사는 대신 사죄 하라!
4분 전

ㄴ **엥**
??? 여기서 정부인을 왜 소환해???

👤 어머니
ㅎㅎ 얘 아들램. 엄마 오늘 또
실시간 검색어 1위 먹었다.

조앙 👤
예??

👤 어머니
ㅎㅎ뻔하지머~.
니 잘난 아빠 덕에~~~~...

…전실장님.
지금 뭐합니까?

우리 가족 일입니다.
당신은 빠져요!!

송구합니다, 도련님.
용서하십시오.

그러나 여긴
집이 아닌 전장입니다.

…댁에선 아버지셨으나,
여기선 도련님 주군이십니다!

어떤 명령이라도
기꺼이 따르셔야지요!

그 어떤…

명령이라도 말입니다!

도련님, 아니 조장군!
모두가 보고 있네.

그 붉은 군복은···
멋으로 입은 겐가?

···조조군 이름에!
먹칠하겠느냐 이 말이네!

꽈

악

헉, 허억!
빌어처먹을!!!

크흑, 망할 놈,
찢어 죽일 놈···

*〈정사〉 장수, 조조가 숙모 추씨에게 접근하니 한 맺히다. 「장수전」

♥숙마마♥

♥숙마마♥

어~조조갸가 같이놀자더라~^-^;

그래서 오케이했쥐~~??

장수

예?????/?

아 조조그ㅅ끼가 진짜 미쳤나

가지|마세요
숙모가그ㅅ끼말읈 왜들어줘야해요,,

♥숙마마♥

애좀봐라~~?

야내가 싫다좋다 할 상황이 아니야~^-^;
갸말대루 안하면?

숙모랑 너 낼 장강변에서
시체루 발견될걸~?

설사 도망친대두~딸린 우리 아랫것들
어떻게 먹여살릴래~?
다같이 도적질이라도 할까??

장수

아숙모 왜,,

♥숙마마♥

울장수~숙모 맘아프게 왜자꾸 떼쓸꼬~^-^;

내가 조조한테 팔려가긱만 하면
우리 다 사는건데~~...

과거,
장수 숙모
추교요(추씨)

으아아악!!!
치과 가기 싫다고오!!

치과 선생님이
나 죽일 거라고오오~!!!

옹야~ 조카 아들램~
떼 실컷 써봐아~~^-^

그래 봤자 숙모가
너보다 힘세에~~^-^v

과거,
어린 장수

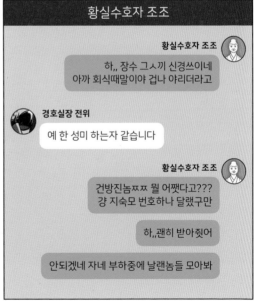

*연의에서는 추씨가 이름난 조조를 만나 기뻐했다 묘사하나, 정사에 추씨 반응은 기록되어 있지 않다(사실 추씨인 것도 나관중의 창작).
**〈정사〉조조, 자신이 추씨와 만나는 것을 장수가 기뻐하지 않았다며 불쾌해하다.

형주 완성
장수군 막사

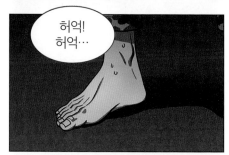

서, 선생! 어쩌지?!
조조한텐 대들지 말라며?
피만 볼 거라며!

그럼… 난 놈한테 얌전히
죽어줘야 하는 거요?!

예에에…
조조한테 찍히면…

죽은 목숨이죠!

그러나 장군…
잊으셨습니까?!

이놈이 손가락 걸고
약속드렸지요?

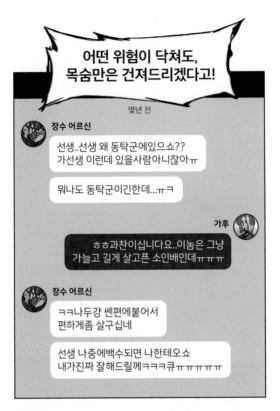

어떤 위험이 닥쳐도,
목숨만은 건져드리겠다고!

몇년 전

장수 어르신

선생..선생 왜 동탁군에있으쇼??
가선생 이런데 있을사람아니잖아ㅠ

뭐나도 동탁군이긴한데...ㅠㅋ

가후

ㅎㅎ과찬이십니다요..이놈은 그냥
가늘고 길게 살고픈 소인배인데ㅠㅠㅠ

장수 어르신

ㅋㅋ나두강 쎈편에붙어서
편하게좀 살구십네

선생 나중에백수되면 나한테오쇼
내가진짜 잘해드릴께ㅋㅋㅋ큐ㅠㅠㅠㅠ

에휴~ 고단하구나.
싸움은 질색인데!

빙긋...

*〈정사〉 동탁군이던 장수와 가후. 장수, 가후에게 "여긴 오래 머물 곳 아닌데 왜 떠나지 않으시오?" 묻다.
다시 만났을 때 책사가 없던 장수는 마치 아이가 어버이 맞이하듯 가후를 환영했다.

그러나
괴물이 쫓아오니… 살려면
마주 물어뜯는 수밖에!

조조는…

오늘 죽습니다요.

…이놈만
믿으시지요!

으하하!

허도 근교
외딴 휴양지

에에이~ 추여사님!
이 사람 섭섭하네!

……

내 일부러 물 좋고
공기 좋은 데로 모셨는데~
응?

자꾸 시계만 보시고,
나 서운해~?!

술 안 드실 거야?!
진짜 한 잔두?

와인 처음서 이상 껄리야~!

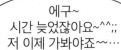

에구~
시간 늦었잖아요~^^;;
저 이제 가봐야죠~…

어허! 정 없게!
글구 차 다 끊겼는데
집에 어케 가시게~?

나 바래다드리지 않을 걸데~?

자고 가셔~!
동맹끼리 친목 다져야지?

허! 웃기고 자빠졌네…
야 이 추잡한 X끼야!

불나방펜션
~ 중년의 낭만! 불태워보십시오 ~

 ☆☆☆★ 개비추. 앞에도 뒤에도 중년불륜커플

 ☆☆☆★ 찐 불륜의 성지. 으 토나옴

 ☆☆☆★ 진짜 그런데에요??
아빠 여기간것같아요 어떡해요

밤새 군사정세나 논하겠니, 니가?!

하지만 수가 없어! 조조 이놈 거스르면…

나랑 우리 장수, 내 아랫것들이 무슨 짓을 당할지!

아 어떡해~ 우리 어르신 너어무 취하셨다~~!!!

디비 처자, 아니, 얼른 주무세요~♥ 응?

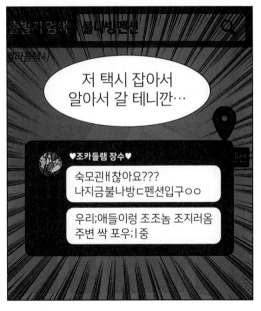

출발지 검색   불나방펜션

불라 콜택시

저 택시 잡아서 알아서 갈 테니깐…

♥조카들램 장수♥

숙모괜찮아요??? 나지금불나방ㄷ펜션입구ㅇㅇ

우리;애들이렁 조조놈 조지러옴 주변 싹 포우;ㅣ중

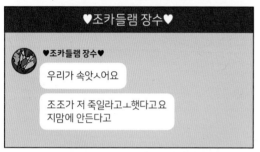

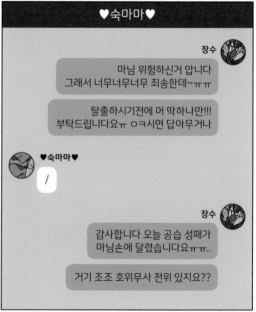

♥조카들램 장수♥
먼저 그자부터 없애얍니다ㅠㅠㅠ

♥조카들램 장수♥
어마무시한 맹장이라..저희뚫고 조조쯤은 얼마든지 데리고 튈수 있거등요ㅠㅠ....

그러니 술 왕창 먹여주십쇼ㅠㅠ 꽐라 돼서 몸 움직일 수 없도록!!!

에, 에이~ 뭐야아~ㅠㅠ 택시 여기까지 안 오네~?!

할 수 없지~ 달려 달려~!!!

*〈연희〉 가후, 애써 전위에게 술 권하다.

가후의 반격

이 싸아람이이~~!!!
좋은 날 왜 초를 쳐? 으응?!!

···안 마셔?
왜애 안 마셔!!!

어, 어르신···

울 추여사가 주는 술은!
내가 주는 술인데에~!!!

용서하십시오···
정말 안 됩니다!

방심할 수 없습니다!
행여 습격이라도 당하시면···

*〈연의〉 장수 숙모 추씨, 조카와 사람들 시선 걱정된다며 허도(조조 근거지) 떠나자 하다. 조조, 병력 다 두고 호위만 몇 데리고 나오다.

흥! 나 조조야~!!!
누가 감히 날 치랴?!

황제도 내게 눈을 까는데 ㅋㅋㅋ

…원샷하게.

…명령일세!

흥!

으하하하! 아아니~!
일어서지 말라니까는?

그 몸으로 차꾸 어딜 갈라고~?!

어떡해
귀엽다~!

소, 송구합니다… 끄윽!
자, 잠쉬 슌찰…
돌고 오게슴니다…

도련님, 아, 아니,
조장군께서 말쉼이…
업스신지라아…

오후8시

조앙 도련님
출입문 이상무

오후9시

조앙 도련님
출입문 이상무

오후10시

조앙 도련님
출입문 이상무

여기까지 읽으셨소이다!

전위
11시 점호 부탁드립니다.

1
조장군
1

!!!

엉? …어어!
그래 그래!

그러엄~!
당근 가봐야지~!

*〈연의〉 장수 책사 가후, 전위에게 억지로 술 권하도록 하다.
장수군, 추씨와 함께 있느라 방심한 조조를 습격하다.

*〈성사〉 전위, 장수군이 떼로 몰려드는 문을 사수하다.

달리십시오, 아버지!
어서요!

펜션 뒷길
강변 비밀통로

뭐 인마?!
웬 헛소리야!!!

…말이 딱 요
한 놈뿐이라니?

저, 아버님 말은
적들이 죽여버린지라…

마! 내가 요거 타면!
넌 뭐 타게?!

…하하!

염려 마세요!
적들은 여기 모릅니다.

아들이기 전에…
전 아버님
부하인 것을요?

주군을 돕는 건
크나큰 영광이지요!

먼저 허도로 가십시오.
곧 따라가겠습니다…
어르신!

짜아식~
나 닮아서 착해~!
야! 니 엄마한텐
비밀이다~?!!!

에구~ 울 도련님!
기특도 하셔라…ㅠㅠ

*〈연의〉 조조 큰아들 조앙, 자기 말을 아버지에게 양보하다.

암!
조조 아들인 게
쥅니까요?

…아빠가 나쁜 놈인 게
어찌 아이 잘못일까요!

태어나보니, 내 아비가
시체로 강 메우는 색골인걸…

나는…

천하의 불효자다.

사랑하는 어머니 가슴에

대못을 박았어.

제가 싸우다 죽든 말든 무슨 상관이십니까?

…친어머니도 아니시면서요!

아버지, 당신을 따라…

전쟁터로 나오기 위해서요.

아…

…아들럼!!!!

*〈정사〉 조조 큰아들 조앙, 조조를 탈출시키고 습격당하다. 「조조전」

…자랑스러운 자식이 되고 싶었습니다.

뭣들 하고 있어?!!
와서 잡아라아~! 얼른!!!

…제 목숨 기꺼이 바쳐 아버지,

당신께서 가시려는 영광된 길에
함께하고 싶었어요.

*〈정사〉 조앙, 죽다. 전위, 몸으로 출입문 막아 조조가 도망갈 시간을 벌다. 적 수십을 저승길 동무로 삼으니 장수군, 두려워서 차마 조조 뒤를 쫓지 못하다.

근데… 그런데요, 아버지.

으아아악!!!

왜 지금 그리운 건 아버지,
당신이 아니라

절 보고 우시던 어머니 얼굴일까요…

미쳤어?! 돌았어??
니가 인간이야!!!!!!!!!!!

살려내…

당장 내 새끼
살려내애애애애애애!!!!!

283

뉴스 > 허도데일리

[속보] "이것도 아빠(주군)라고" ...전위, 조앙 사망

조씨, 추태부리다 애꿎은 측근들만 죽게 만들어
배반한 장수, 다시 유표 품으로…추교요씨, 비밀리에 무사 출국

*〈정사〉 장수 숙모 추씨, 이후 기록에 등장하지 않다.

내 새끼 죽었으니!!!
조조 너도 뒈졌어야지!!!!

…앙아!

……

이, 이 사람이! 내가 황제 측근인데 못 하는 말이 없어!

바, 방심해서 그래.

인질만 잡았어도 장수 개 나한테 못 덤볐거든?

야~ 이렇게 못하냐 때렸네!

*〈정사〉 정부인, 격노하다. "내 아이가 죽었는데 왜 당신(조조)은 살아 돌아왔단 말이오?"
**〈정사〉 조조, 아랫사람들에게 소리내어 한탄하다. "내가 왜 졌는지 알 만하오. 적(장수)을 항복시켰으나 인질 잡지 않아 패했소. 이를 교훈 삼아 다시는 패배하지 마시오."

…뭐?

됐고! 썩 친정 가 있으시오.
가서 맘 좀 가라앉혀!

당신 지금 제정신 아냐!

허… 하!

하하!
어떡해!

아하하하하!!! 정선생님…
나 너무 웃겨!

내가 반평생을…

저딴 한심한 놈이랑
같이 살았어!

*〈정사〉 조조, 짐짓 화내며 정부인을 사가로 쫓아내다.

한편, 허도 옆 서주
(여포 근거지)

이야~ 대박!

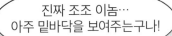

[포토] 조조, 뒤늦게 사과 "여보! 내가 미안해"
前부인 정영옥씨에게 몇 번이고 가서 사과…문전박대

▲사진 CCTV화면, 정영옥씨측 대변인 제공.

정씨 저택관리자 "마님, 사무실에서 아예 안 나오셔
…전남편 얼굴 돌아보지도 않으셨다"

에에이~ 아버지!
우리 조조
너무 얕보신다~!

서주성
복도

이게
얘 바닥 아닐걸요?

서주 관리 진규
(아빠, 프림커피파)

서주 관리 진등
(아들, 밀크커피파)

아니, 얘 사패라니?!
이게 애아빠가 할 소리냐?

뉴스 > 허도데일리

**조조, 충격발언 "우리애 죽은 것보다
충성스러운 장수 전위 잃은게 100배 더 슬퍼(눈물)"**

"내가 유교맨…가족보다 신하를 더 아낀다"

풉ㅋ! 어쩌겠어요?

조조군 분위기 개박살났답니다!
이빨 까줘야죠~
아랫것들 달래려면.

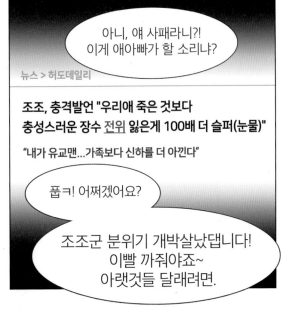

*〈정사〉 조조, 정부인을 열심히 찾아가 사죄하다. 그러나 정씨, 베틀에 앉아
한마디도 않다. 돌아보지도 않다.
**〈연의〉 조조, 소리 높여 울다. "내 아이인 조앙 죽음보다 충성스러운 신하
전위를 잃은 것이 슬프구나!"

허도 신도시 황궁
(조조 근거지)

…?

서주 제일가는 부자
유비 스폰서 미축

……

…^^……

황제 보호자
황궁실세 조조

*〈정사〉 황제 헌제(조조), 서주 유명인사 미축에게 벼슬 왕창 내리다. 편장군으로 삼고 영군태수로 임명하다.

울 회장님께서 뭔 벼슬인들 못 하시겠소?

문과든 무과든 예체능이든!

서주의 자랑 미축을 모르는 사람이 없는데!

그, 그리고! 말타기도 능하시고, 활도 꽤 쏘신다면서?

…하하^^! 한가한 부자 놀음일 뿐이지요…

!!!

미안합니다, 미장군! 얼마나 나한테 서운하셨어?

…아니 뭐, 내가! 서주 분들한텐 이래저래 미안해!

실수를 좀 했었잖어~ㅠㅠ

*〈정사〉 서주 제일가는 부자 미축, 재산 털어 백성들 돕다
**〈정사〉 미축, 활쏘기와 말타기 능숙히 해내다. 「미축전」
***〈정사〉 조조, 서주 백성들 학살하다. 시신이 강 메우다(서주 대학살).

근데 말입니다? 우리가…
큰 그림을 봐야지!

쬐그만 원한은 잊고!

함께 나라를
바로잡아야지 않겠소?

여기, 우리 있는 허도 옆이
어딥니까? 서주요, 서주!

우리 훌륭하신~ 유황숙 쫓아내고
멍청한 여포놈이 설치고 있지.

불쌍한 백성들 구하러!
내 딱 서주 땅 접수하려고 했는데 그…
요즘 나 이미지 안 좋아서…

미장군!
내가 서주 땅 먹으면
고향 사람들 좀
달래주쇼.

...손 이미 써놨어.
여포는 끝장이외다!

까아아악!
아아악!

서주

미축 고향 서주
(여포 근거지)

어떡해! 넘 귀여우셔!

...울 태자비마마!!!

원술이 보낸 사신

여포 딸
금

어구구~ 시파파 폐하께서
얼마나 예뻐하실까아~?

*〈정사〉조조, "미축은 서주에 이름났으니, 귀히 쓰면 백성들 민심을 위로할 수 있을 것이다."
**〈정사〉여포, 원술과 손잡았다 싸웠다 하다. 그러나 결국 결혼 동맹(여포 딸&원술 아들) 맺기로 하다.

오잉?

역적을
한 번도 아니고
두 번씩이나
없애드리면

허도 찐황제께서
얼마나
고마워하실꼬~♥?

*〈정사〉여포, 원술이 보낸 사신의 목을 베어 보내다. 원술, "천한 종놈이 주인을 배신해?" 화내며 대군 이끌고 여포 치다.

장군!
뭔 짓이오?

씁!
안 꺼져?!

이 버신자 ㅊ끼가...

왜... 대체 왜 그랬소!
어떻게 맺은 결혼 동맹인데!

아하이~ 쓰애끼!
책사란 놈이 띨띨하긴!

어흠흠!
잘 들어, 인마!

원술놈은!
역적이다!

그니깐 손절하고...
대신 허도 찐황제랑
손잡겠다! 이상!

뭐어...?!

야, 이 멍청아!
왜 안 어울리게
충신 놀음인데?!

으, 으잉?

원술이 유일한 희망이었어...
쟤랑 손잡는 게!
당신 살길이었다고!

여포와 원술이 손잡으면,
동쪽 바다 끼고 북, 서, 남으로
모두 견제할 수 있어.

그럼 원소든 유표든!
어떤 센 놈도
당신 건들기 어려웠을 텐데!

허도 찐황제랑 손잡자?
그 꼬마, 조조놈
애완동물이야.

당신 조조랑 친해?!
아니잖아… 아니잖아!

말해.
대체 누구야?!

누가 당신한테! 살길 버리고…
죽음 택하라 쏘삭거렸어?!!!!

여, 여보야!
저기 봐!

*〈정사〉 동탁 죽이고 떠돌던 여포, 진궁과 손잡고 조조에게 반란 일으키다(연주 반란). 이때 조조, 사실상 몰락했었다.

조조야…

걔가!!!!! 우리 구해줄 원군 보냈어!!!

뭐?! 크하하! 이제 살았다!!!!!

봐라 안경잽이! 조조 쉐키 과거 잊고 나 용서했네~!

선봉장 언놈인데? 하후돈? 하후연? 조인? 악진? 허저?!!

*〈정사〉 황실 수호자 조조, 황군 보내다. 원술에게 공격당하던 여포를 구원하다.

이 한나라는…
타오르는 불기운을
받은 나라라더군.

그러나 우리 자랑스러운
대명문가 원씨는,

흙기운을 받은 땅에서
일어섰도다!

흐흐! 세상에 흙을 이기는
불이 있더냐?
활활 거센 불꽃 속에서도…

…흙은 단단해져
빛날 뿐이거늘!

중나라 1대 황제
원술 字 공로

*〈정사〉 나라마다 타고난 오행의 기운이 있어, 한나라(후한, 삼국지 배경)는 불기운을 받았다 전한다.

*〈연의〉 원술, 부하 손책에게서 전국옥새 빼앗다.
**〈정사〉 흙기운(원씨)이 불기운(한나라)을 계승해야 이치에 맞다며 중나라 세우고 스스로 황제 되다.

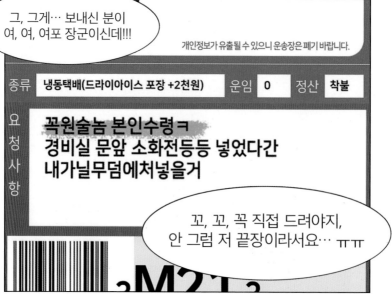

개인정보가 유출될 수 있으니 운송장은 폐기 바랍니다.

적과의, 적과의 동침

이, 이, 이 건방진 것!
종놈 주제에
감히 날 거절해?!

…짐이
친히 벌하리라!

으음~ 향기롭도다!
적들의 비명이
홍차 향을 돋우는군…

*〈정사〉 원술, 20만 대군 이끌고 여포 근거지인 서주를 공격하다.

*조조, 유비, 여포 17만 연합군, 원술에 맞서다. 원술, 패하여 허둥지둥 도망가다.

화해하자 내민 손안에…
독침을 숨겨놨을지 몰라!

에헤이~ 유공! 왤케 어색해해?
그리운 제2의 고향에 오셨는데!

안 되겠네. 여장군!
나 여기 유황숙 두고 가리다!

…예??!

솔까 두 사람
아직 어색하잖어~
빨리 친해지셔야지?

여포와 유비! 두 영웅이
서주를 든든히 지켜주셔야~

…황제폐하께서 발뻗고
주무실 거 아뇨?

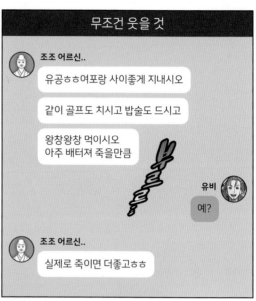

무조건 웃을 것

조조 어르신..
유공ㅎㅎ여포랑 사이좋게 지내시오

같이 골프도 치시고 밥술도 드시고

왕창왕창 먹이시오
아주 배터져 죽을만큼

유비
예?

조조 어르신..
실제로 죽이면 더좋고ㅎㅎ

유비
...여포놈을 처치하라 이 말이오!

아~ 근데 쓰애끼!
웰케 가볍냐?!

조레기가 허도에서
밥 안 주디?

*〈정사〉 조조, 유비를 여포 곁에 남겨두다.

조조
명령이오. 기회를 보아...
여포를 처치하시오!

조조
아! 물론 지금 말고ㅎㅎ

…!!!

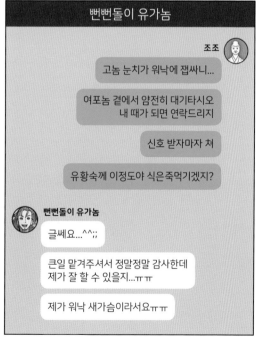

뻔뻔돌이 유가놈

조조

고놈 눈치가 워낙에 잽싸니...

여포놈 곁에서 얌전히 대기타시오
내 때가 되면 연락드리지

신호 받자마자 쳐

유황숙께 이정도야 식은죽먹기겠지?

뻔뻔돌이 유가놈
글쎄요...^^;;

큰일 맡겨주셔서 정말정말 감사한데
제가 잘 할 수 있을지...ㅠㅠ

제가 워낙 새가슴이라서요ㅠㅠ

313

 뻔뻔돌이 유가놈

왜 용맹하신 어르신께서 여포
직접 해치우지 않으시고ㅎㅎ...??

조조

웬 어리광이시오??
난 유공과 달리 바쁜 몸입니다ㅋ

돌아가서 허도도 지켜야 하고… 뭣보다!

제9권, 「관도대전」 2부로 이어집니다

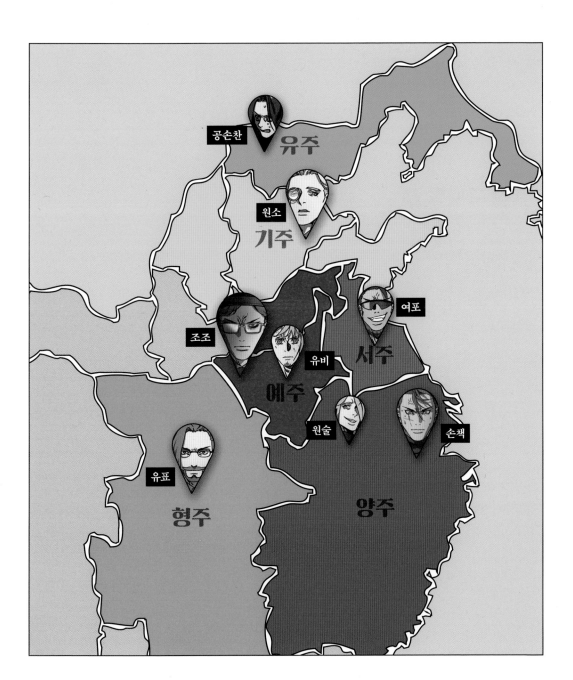

삼국지톡 8

ⓒ 무적핑크, 이리/YLAB

초판인쇄	2024년 8월 20일
초판발행	2024년 8월 27일

글	무적핑크
그림	이리
기획·제작	YLAB

책임편집	이보은
편집	김지애 김지아 김해인 조시은
디자인	이현정 이혜정
마케팅	정민호 서지화 한민아 이민경 안남영 왕지경 정경주 김수인 김혜원 김하연 김예진
브랜딩	함유지 함근아 박민재 김희숙 이송이 박다솔 조다현 정승민 배진성
제작	강신은 김동욱 이순호

펴낸곳	㈜문학동네
펴낸이	김소영
출판등록	1993년 10월 22일 제2003-000045호
주소	10881 경기도 파주시 회동길 210
전자우편	comics@munhak.com
대표전화	031-955-8888	팩스 031-955-8855
문의전화	031-955-3576(마케팅) 031-955-2677(편집)

인스타그램	@mundongcomics
카페	cafe.naver.com/mundongcomics
트위터	@mundongcomics
페이스북	facebook.com/mundongcomics
북클럽문학동네	bookclubmunhak.com

ISBN	979-11-416-0118-8 04910
	978-89-546-7111-8 (세트)

www.munhak.com